Cuaderno de práctica

GRADO 4

Orlando Boston Dallas Chicago San Diego

Visita *The Learning Site*
www.harcourtschool.com

Contenido

BAILES Y FIESTAS

Printed in the United States of America

ISBN-13: 978-0-15-313305-3 ISBN-10: 0-15-313305-8

10 11 12 0982 11 10 09

Nombre ______________________________

Los pájaros de la cosecha

Vocabulario

▶ **Emplea las siguientes palabras para completar las oraciones de la carta. Deberás usar algunas palabras más de una vez.**

acostumbrados   repartió   parvada   fiadas   silvestres   zanates

Querida Teresa:

Te escribo desde la granja de mi tío Antonio donde estoy pasando unas vacaciones muy lindas. Su familia me recibió con mucho cariño y me estoy divirtiendo bastante. Ellos están **(1)** ______________________ a levantarse al amanecer y disfrutar del clima y de los animales de la granja. Te cuento que ayer vi una **(2)** ______________________ de **(3)** ______________________ volando sobre nosotros, ¡fue algo espectacular!

Mi prima Mariana y yo fuimos al pueblo más cercano y pedimos semillas **(4)** ______________________ ya que nos olvidamos de llevar dinero para comprarlas. Queremos plantarlas y tener un jardín lleno de frutas y vegetales. Alrededor de la granja también abundan las flores **(5)** ______________________. El otro día Mariana hizo pequeños ramilletes usando estas flores y los **(6)** ______________________ a la familia y amigos cercanos.

Estoy muy contenta de estar visitando a mi tío y a su familia, pero extraño la ciudad y a mis amigos. Me encantan los animales, especialmente ver los **(7)** ______________________ volando en el cielo y las flores **(8)** ______________________ alrededor. Espero que tú también estés disfrutando de tus vacaciones. Nos vemos en unas semanas.

Tu amiga que te extraña mucho,

Patricia

INTÉNTALO

Escribe una carta a un amigo contándole alguna experiencia interesante que hayas tenido o alguna visita que hayas hecho. Usa por lo menos dos palabras del vocabulario en tu carta.

Nombre ______________________________

▶ **Completa la siguiente tabla de predicciones. En la columna de la izquierda anota lo que crees que sucederá y en la de la derecha, mientras vayas leyendo la historia, anota lo que sucedió en realidad.**

TABLA DE PREDICCIONES

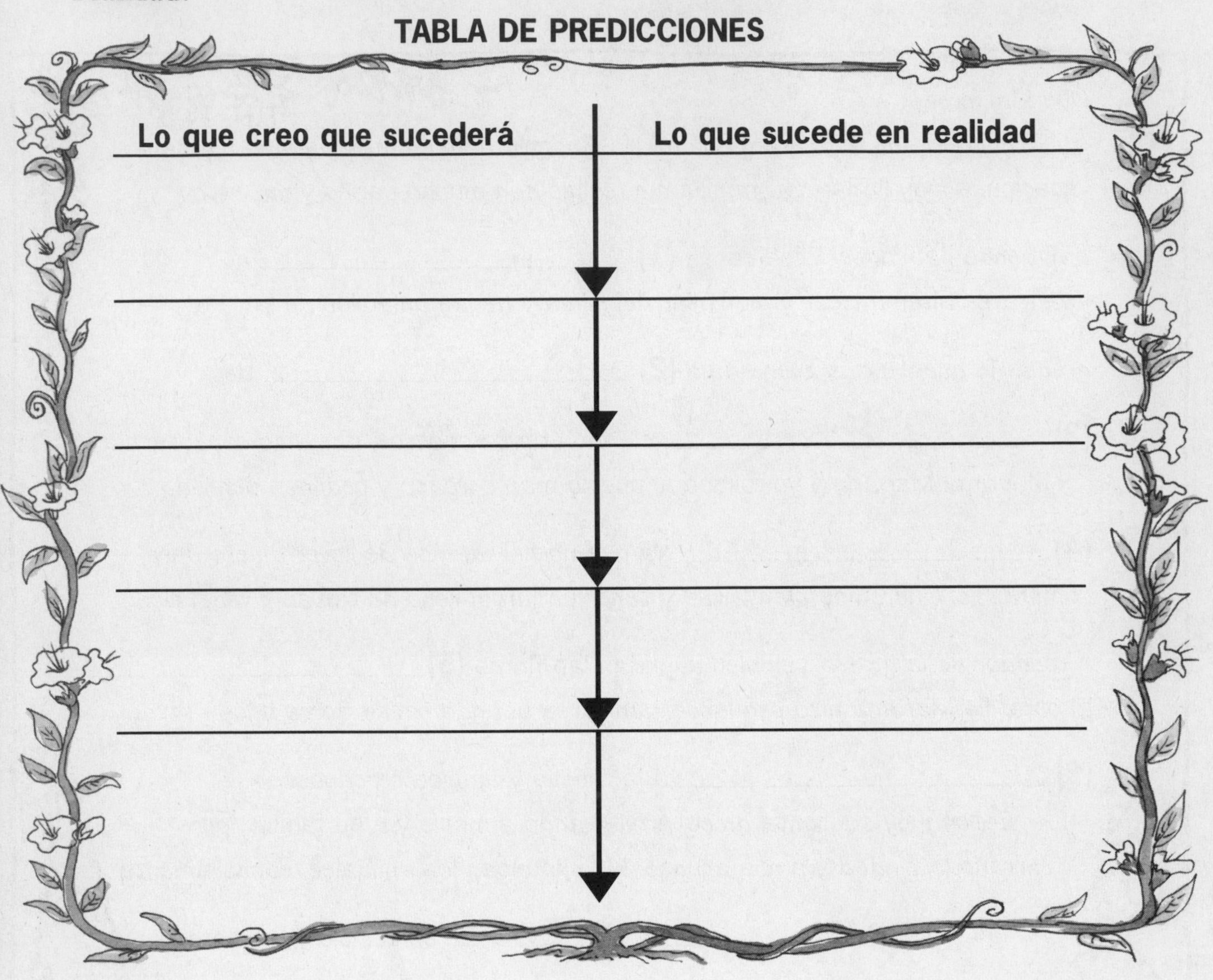

Lo que creo que sucederá	Lo que sucede en realidad

▶ **Escribe un breve resumen sobre la personalidad de Juan Zanate. Piensa sobre lo que él dice, hace y piensa.**

____

____

____

Nombre ______________________________

▶ **Lee la siguiente historia. Luego completa cada oración y responde a las preguntas.**

Era una mañana soleada de mayo. Carlota y Jaime miraban tristemente las flores que acababan de plantar en el jardín de su casa. “¿Qué estábamos pensando cuando las plantamos?”, Jaime preguntó. “Sabíamos que teníamos que regarlas y ahora no lo podremos hacer a menos que carguemos regaderas pesadas. Tenemos dos mangueras pero ninguna de ellas es lo suficientemente larga como para alcanzar esas flores.” Jaló la punta de una de las mangueras que tenía conectada al caño de agua. La manguera definitivamente no llegaba a las flores.

Fue entonces que Carlota sonrió. Agachándose al suelo conectó las dos mangueras por las puntas. “Dos mangueras cortas pueden formar una manguera larga”, dijo. “Ahora esas flores tendrán un poco de agua, y no tendremos que cargar con regaderas pesadas.”

Los **personajes** son **(1)** ______________ y **(2)** ______________.

3. **¿Dónde** sucede la historia? ______________________________

4. **¿Cuándo** tiene lugar la historia? ______________________________

5. **¿Cómo** es el clima? ______________________________

Problema: Carlota y Jaime acaban de **(6)** ______________________________.

Quieren **(7)** ______________________________, pero no pueden porque

(8) ______________________________.

Solución: Carlota **(9)** ______________________________. Ahora las dos

mangueras pueden **(10)** ______________________________.

Escribe un mapa de un cuento donde muestres cómo crees que Carlota y Jaime protegerían su jardín si sus vecinos decidieran pintar su casa.

Nombre ______________________________

Los pájaros de la cosecha

Elementos narrativos

▶ **Lee la siguiente historia. Después escoge la respuesta que mejor complete cada oración. Rellena el círculo que indica la respuesta.**

Una tarde de primavera, Daniela estaba mirando las plantas sembradas en hileras en el jardín de Abuelo. De repente exclamó, "¡Mira! ¡Un conejo! Abuelo, ¡saltó sobre tus plantas de tomates!"

"¡Ah, no!", Abuelo exclamó. "Ese conejo se dirige a mi parcela. Se comerá todas las lechugas que encuentre. ¿Qué puedo hacer? No tengo suficiente alambre para poner una cerca alrededor del jardín."

"Yo puedo solucionar tu problema, Abuelo", dijo Daniela.

A la mañana siguiente, Abuelo encontró a Daniela haciendo un montículo con la maleza que había arrancado del jardín. "¿Qué haces aquí tan temprano?", le preguntó.

"Estoy haciendo una ensalada de maleza para el conejito, Abuelo. Tú no necesitas la maleza, pero a los conejos les gusta tanto como la lechuga".

1 Los personajes principales son ____.

A Abuelo y el conejo

B Abuelo y el jardinero

C Daniela y Abuelo

D Daniela y el conejo

2 La historia ocurre en ____.

F un apartamento de un edificio

G una granja

H el parque

J el jardín de Abuelo

3 El animal de esta historia es ____.

A la mascota de Daniela

B un conejo salvaje

C la mascota de Abuelo

D el perro de Abuelo

4 El problema es que ____.

F Daniela no ayuda a Abuelo

G a Daniela no le gustan los conejos

H un conejo se estaba comiendo la lechuga de Abuelo

J en el jardín de Abuelo crece mucha lechuga

5 El problema se resuelve cuando ____.

A Daniela recoge maleza para darle de comer al conejo

B Abuelo construye una cerca

C el conejo se come los tomates

D Abuelo deja de plantar lechugas

Respuestas

1 Ⓐ Ⓑ Ⓒ Ⓓ

2 Ⓕ Ⓖ Ⓗ Ⓙ

3 Ⓐ Ⓑ Ⓒ Ⓓ

4 Ⓕ Ⓖ Ⓗ Ⓙ

5 Ⓐ Ⓑ Ⓒ Ⓓ

Nombre ______________________

▶ **Escribe en cada flecha dos palabras que escojas de la nube. Una debe tener un significado menos intenso que la palabra que ya está en la flecha y la otra uno más intenso. Observa el ejemplo. Usa cada palabra solamente una vez.**

adorar	**lluvia de nieve**	**inmenso**	**ventisca**
terrible	**grandiosa**	**fresco**	**carmesí**
magnífica	**mala**	**adecuada**	**querer**
grande	**helado**	**colorado**	**asombrosa**

MENOS INTENSO — **MÁS INTENSO**

Ejemplo:

simpática ← **bonita** → bella

1. ______ ← **pésima** → ______
2. ______ ← **maravillosa** → ______
3. ______ ← **buena** → ______
4. ______ ← **rojo** → ______
5. ______ ← **amar** → ______
6. ______ ← **frío** → ______
7. ______ ← **enorme** → ______
8. ______ ← **nevada** → ______

Escribe una carta al alcalde de la ciudad donde vives con un plan para plantar un jardín de flores y vegetales para la comunidad. Usa tantas palabras descriptivas como sea posible para persuadir al lector a que use tu diseño del jardín.

Nombre ______________________________

▶ **Lee las siguientes oraciones e indica qué clase de oración es cada una: declarativa, exclamativa, interrogativa o imperativa.**

1. Mucha gente va a la ciudad.

____

2. Haz tu tarea.

____

3. ¿Dónde durmió el gato?

____

4. ¡Hace un frío tremendo!

____

5. La amiga de mi tío Juan es muy simpática.

____

▶ **Vuelve a escribir las siguientes oraciones en el orden correcto e incluye los signos de puntuación apropiados para cada clase de oración.**

6. en macetas con tierra qué plantó ella semillas

____

7. poco triste tu historia es un

____

8. de sembrar las semillas Termina

____

9. se mudó a un sitio lejano por qué

____

10. ella ser muy valiente inteligente parece e

____

LA ESCUELA Y LA CASA Mire con su hijo una o más cartas de familiares o amigos. Ponga atención y comente con su hijo la puntación que usaron al escribir las cartas.

Nombre ______________________________________

▶ **Lee la siguiente página de un diario. Encierra en un círculo las doce palabras que tienen faltas de ortografía. Luego escribe esas mismas palabras correctamente.**

Querido Diario:

Acaba de pasar un uracan por la ciudad vecina a la nuestra. Hay mucha gente que se ha quedado sin hogár. ¡Es una gran pena! Mi papá tiene muchas emergencias en el ospital, y por eso llegará tarde a casa hoy. Es un onor poder ayudar en una situación de emergencia. Creo en la nobleza del ser hunano.

Cambiando el tema, te cuento que a mi perrita Lulú se le ha ocurrido escarbar nuestro jardín en busca del gueso perfecto para morder. Mamá está enojada con ella porque arruinó la hiléra de flores que acababa de plantar. Espero que no se le haga un ábito escarbar el jardín. Lulú no come hierva, sólo le interesa jugar y desacer las plantas y flores.

Es hora del almuerzo, voy a prepararme algo para comer. Pondré en el jorno unas lonjas de tocino con huebos y lo comeré con una deliciosa ensalada que preparé ayer.

Te volveré a escribir mañana con más novedades.

PALABRAS DE ORTOGRAFÍA

1. huracán
2. ahora
3. hambre
4. hipo
5. hogar
6. deshacer
7. humano
8. hueso
9. hierba
10. horno
11. huevos
12. ahogado
13. hospital
14. honor
15. hilera
16. hábito

1. ______________ 5. ______________ 9. ______________

2. ______________ 6. ______________ 10. ______________

3. ______________ 7. ______________ 11. ______________

4. ______________ 8. ______________ 12. ______________

Caligrafía: **Trata de escribir la letra *h* conectándola con las letras que están antes y después de ella. Practica con las siguientes palabras de ortografía.**

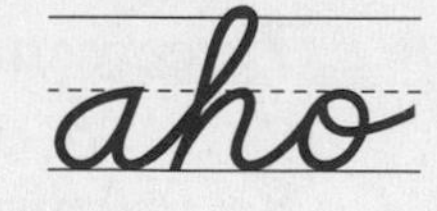

13. ahogado ______________ **15.** ahora ______________

14. hipo ______________ **16.** hambre ______________

Nombre ______________________________

▶ **Lee los grupos de palabras que están dentro de los jarrones. Luego escoge de las palabras que están encima de los jarrones la que va con cada grupo de palabras.**

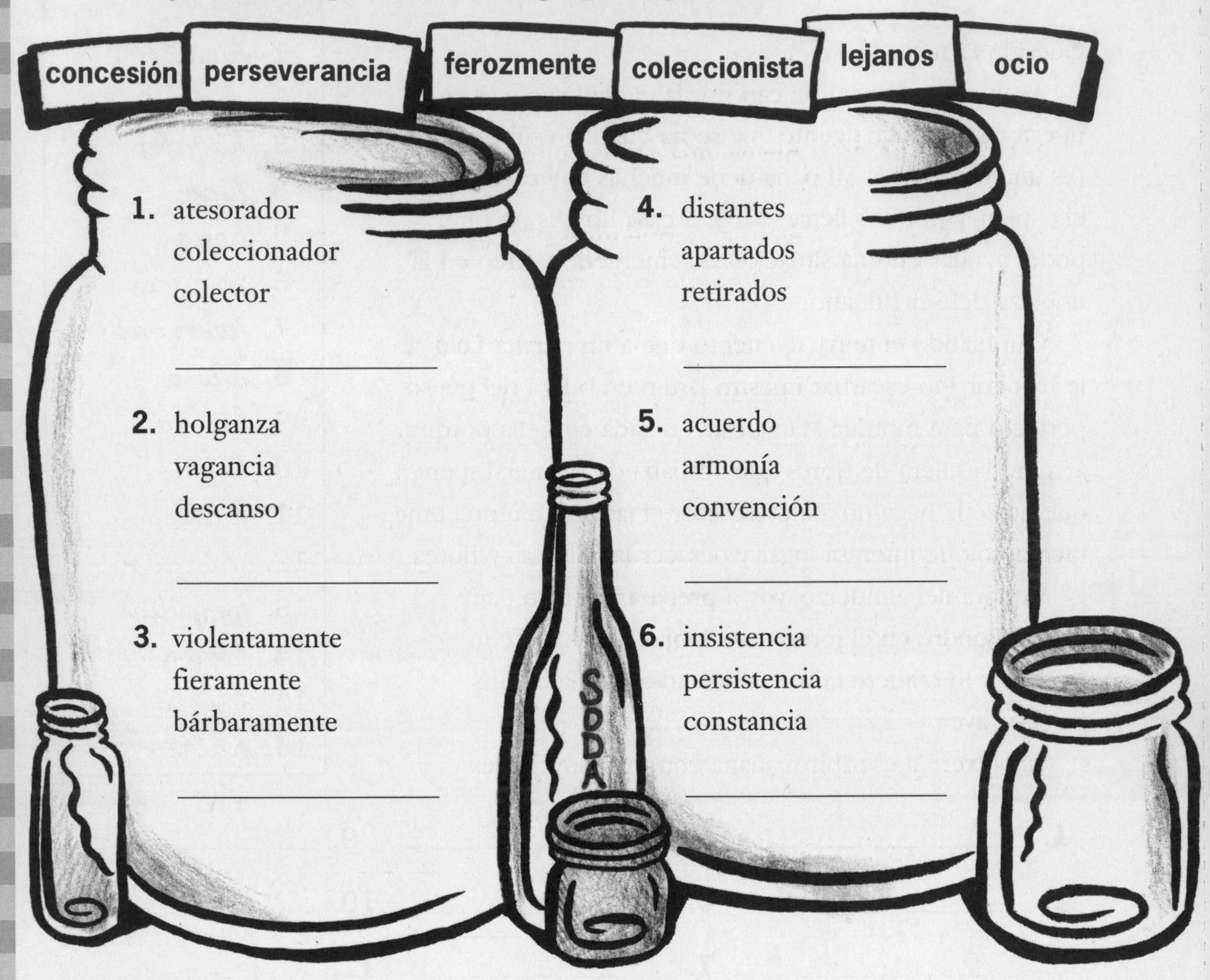

1. atesorador
coleccionador
colector

____

2. holganza
vagancia
descanso

____

3. violentamente
fieramente
bárbaramente

____

4. distantes
apartados
retirados

____

5. acuerdo
armonía
convención

____

6. insistencia
persistencia
constancia

____

▶ **Escoge palabras del vocabulario que signifiquen lo *opuesto* a las siguientes palabras:**

7. cercanos ______________________

8. trabajo ______________________

9. mansamente ______________________

10. inconstancia ______________________

Describe un personaje de un libro o de tu programa favorito de dibujos animados. Escribe tres o cuatro oraciones usando palabras del vocabulario.

Nombre ____

Recordatorio de la destreza: personajes + escenario + trama = elementos narrativos

▶ **Lee el siguiente diálogo. Luego escoge la frase o frases correctas de las dos cajas para completar cada oración.**

SR. FONSECA: Bienvenida a la casa de antigüedades "El antaño".

RAQUEL: Mi abuela tendrá una fiesta de cumpleaños la próxima semana, el 30 de septiembre.

SR. FONSECA: ¿Qué clase de fiesta estás organizando?

RAQUEL: Es una fiesta de disfraces, y por eso necesito conseguir ropa como la que la gente usaba cuando mi abuelita era joven. ¿Vende Ud. ropa antigua?

SR. FONSECA: Estás en el lugar apropiado. Tengo ropa antigua en venta.

es una fiesta de disfraces
la casa de antigüedades "El antaño"
necesita conseguir ropa como la que la gente usaba cuando su abuelita era joven
Raquel

Sr. Fonseca
septiembre
tendrá una fiesta de cumpleaños
el Sr. Fonseca vende ropa antigua

El diálogo tiene lugar en el mes de **(1)** ______________________________

en **(2)** ______________________________. Los personajes son

(3) ______________________________ y

(4) ______________________________. La abuela de Raquel

(5) ______________________________. El problema es que Raquel

(6) ____

______________________ porque **(7)** ______________________________.

El problema se resuelve cuando se entera que **(8)** ______________________

______________________________.

Nombre ______________________________

▶ **Completa el siguiente mapa del cuento.**

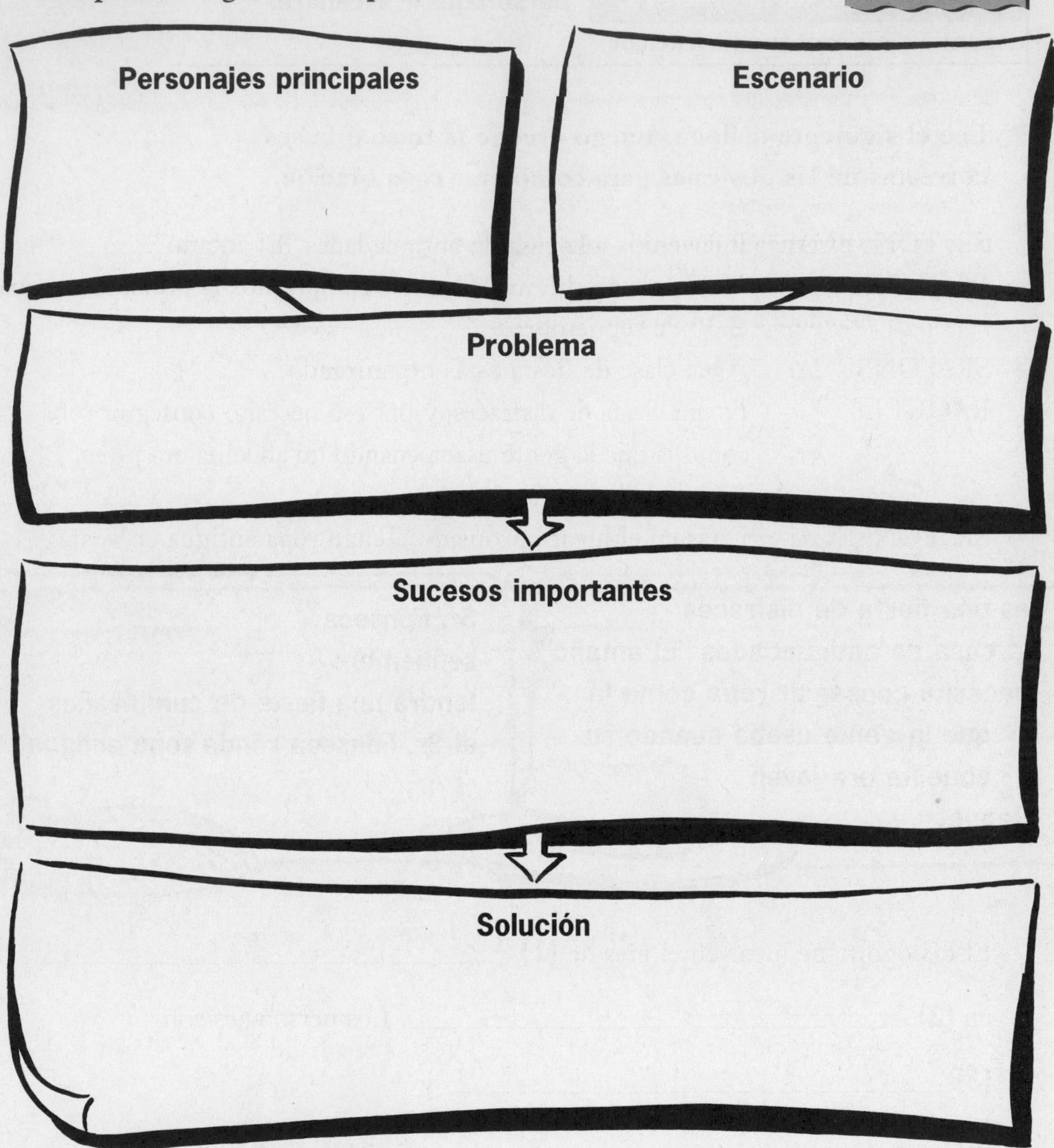

▶ **Escribe un resumen en una oración explicando por qué cambió la actitud de Donavan al final de la historia.**

____

____

____

Nombre ____

▶ **Lee a continuación y luego responde a las preguntas.**

"¡Me voy donde mi abuelita, donde mi abuelita!" Marita cantaba mientras empacaba su ropa en su maleta.

"Ah, Marita", suspiró su mamá. "Tu ropa se arrugará si la empacas de esa manera. No te apures tanto, y dóblala con más cuidado."

"Trataré, pero, ¡estoy tan emocionada!", contestó Marita. "Te extrañaré a ti y a papá, pero es muy divertido ir donde mi abuelita. Hacemos cosas muy divertidas. El año pasado me llevó a una granja de animales y pude alimentar a un antílope. El año anterior, mi abuelita y yo fuimos a una excursión nocturna a caballo. Ninguna de las dos había montado a caballo antes, pero nos encantó el paseo. Para nosotras fue una aventura."

1. ¿Se siente Marita contenta o triste de ir a visitar a su abuelita? ____________

2. ¿Cómo lo sabes? ____

____

3. ¿Cuál de estas palabras describe la personalidad de Marita: *miedosa*, *calmada* o *emocionada*? ____________________

4. ¿Cómo lo sabes? ____

____

5. ¿Cuál de estas palabras describe a la abuela: *tímida*, *activa* o *enfadada*?

____

6. ¿Qué hechos te ayudan a darte cuenta de esto? ____________________

____

7. ¿Cuál de las siguientes palabras describen las personalidades de Marita y de su abuela: *aburridas*, *tímidas* o *aventureras*? ____________________

8. ¿Cómo lo puedes saber? ____________________________________

____

Escoge un personaje de un libro que hayas leído recientemente. Enumera varias palabras que describan a ese personaje. Escribe las razones por las cuales escogiste esas descripciones.

Nombre ______________________________

▶ **Lee cada oración. Di si es una oración *simple* o *compuesta*.**

1. Las palabras del jarrón de Donavan son muy interesantes. ______________

2. Me gusta hablar inglés y hablar español. ______________

3. Mercedes sabe deletrear todo el alfabeto, pero a veces no lo practica. ______________

4. Mañana iré al museo. ______________

5. Me gustaría visitar a mi abuelita, pero tengo otra cosa qué hacer. ______________

6. No estoy segura si hoy iré a la granja o a ver un partido de fútbol. ______________

7. Me gusta mucho salir con mis padres. ______________

8. Me voy a comprar un vestido azul y también me voy a comprar zapatos. ______________

9. Fui a ver a mi profesor, pero no estaba en su oficina. ______________

10. Me gusta tu nueva pelota. ______________

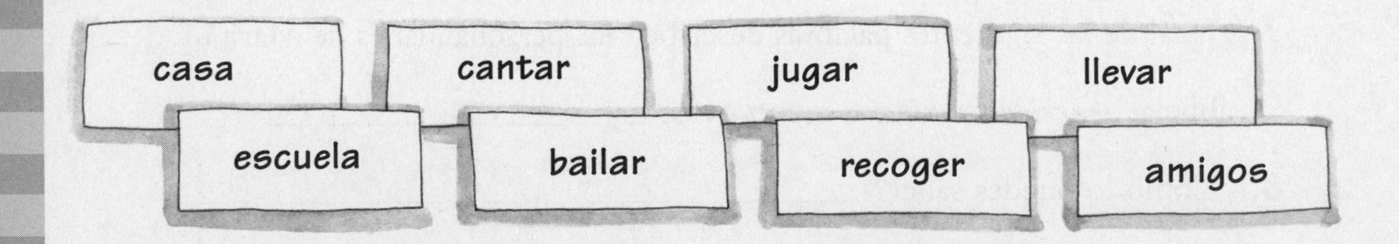

INTÉNTALO Trabaja con un compañero de clase escogiendo palabras de arriba para escribir oraciones simples y compuestas. Escriban por lo menos tres oraciones.

Nombre ______________________________

Donavan y su jarrón de palabras

Palabras con *b* y *v*

▶ **Escribe la palabra de ortografía que significa lo opuesto de las siguientes palabras.**

1. cobardía ______________

2. llenos ______________

3. comprar ______________

4. derrota ______________

5. joven ______________

6. aburrido ______________

PALABRAS DE ORTOGRAFÍA

1. *renovar*
2. *cambió*
3. *valor*
4. *vecinos*
5. *banco*
6. *vacíos*
7. *víbora*
8. *vender*
9. *besar*
10. *victoria*
11. *viento*
12. *bosques*
13. *viejo*
14. *sábana*
15. *divertido*
16. *resbala*

▶ **Escribe la palabra de ortografía que complete las siguientes oraciones.**

Mis padres han decidido **(7)** ______________ mi dormitorio. Van a pedir un préstamo al **(8)** ______________ para hacerlo. Mis **(9)** ______________ dicen que es una buena idea. Yo creo que a mi mascota Tea, una **(10)** ______________ domesticada, también le gustará. Con la nueva ventana que tendré, Tea podrá sentir el **(11)** ______________ que tanto le gusta y el olor del **(12)** ______________ que a veces extraña.

Caligrafía: Cuando escribas, deja suficiente espacio entre letras. Practica escribiendo las siguientes palabras de ortografía:

Nos quedamos dormidos.

13. cambió ______________ **15.** sábana ______________

14. besar ______________ **16.** resbala ______________

Nombre ______________________________

▶ **Lee las palabras que están en la caja. Después lee las palabras o frases que están dentro del telón. Escoge las palabras de la caja que mejor vayan con las del telón.**

inconfundible equilibrio impulso inseguridad santiamén vacilar

1. lanzamiento
ímpetu

____

2. rápidamente
al instante

____

3. distinto
característico

____

4. duda
incertidumbre

____

5. dudar
indecisión

____

6. estabilidad
contrapeso

____

▶ **Escoge una palabra de la caja que aparece arriba para completar cada oración.**

7. Teresa se comió los dulces en un ______________________.

8. Mario tiene una voz ______________________.

9. El niño tomó ______________________ para saltar las barras.

10. María contestó las preguntas sin ______________________.

11. Lo contrario de seguridad es ______________________.

12. El payaso tuvo que hacer ______________________ para no caerse del taburete.

Imagina que eres parte de un circo. Escribe sobre lo que haces durante una actuación. Usa por lo menos tres palabras del vocabulario.

Nombre ______________________________

Recordatorio de la destreza: **Analiza las acciones de un personaje para averiguar los sentimientos de la persona y sus características.**

▶ **Lee la carta de Samuel. Luego escoge la palabra o frase de la siguiente caja para completar cada oración.**

amigable	cierra sus ojos	cortés	acogedora	nerviosa
sonríen	invitan a la familia de Samuel		prueba comidas nuevas	

Querido Jaime:

El viernes pasado tomamos un ómnibus de San Juan, Puerto Rico hacia las montañas. La carretera era estrecha y empinada, y mamá cerraba sus ojos cada vez que pasábamos por una curva. Cuando llegamos, el pueblo entero estaba celebrando un día muy especial. La gente había cocinado comidas especiales y estaban cantando y bailando. Algunos de los platos eran un poco extraños para mí, pero probé un poco de todo, porque no quise parecer malcriado. Toda la gente que conocimos nos sonreía y nos invitaba a quedarnos con ellos. ¡Nos vemos pronto!

Tu amigo,

Samuel

Los lectores saben que la gente del pueblo es **(1)** ______________________ y **(2)** ______________________. Ellos **(3)** ______________________ a quedarse, y les **(4)** ______________________. Los lectores saben que la mamá de Samuel cs **(5)** ______________________ porque ella **(6)** ______________________ cuando pasa por una curva. Los lectores también saben que Samuel es **(7)** ______________________ porque él **(8)** ______________________.

INTÉNTALO

Haz una lista con características de tu personalidad. Da razones para sustentar tu descripción.

Nombre ___

▶ **Mientras vas leyendo el cuento, escribe en la tabla de predicciones qué es lo que crees que pasará. Después de leer, escribe lo que realmente sucedió.**

TABLA DE PREDICCIONES

Lo que creo que sucederá	Lo que sucede en realidad

▶ **Escribe un resumen en una oración donde expliques cómo Lorena solucionó su problema.**

___

___

Nombre ____

▶ **Escoge un prefijo o un sufijo de la siguiente tabla y agrégalo a cada palabra subrayada.**

Prefijo	Significado
in-	negación o privación de algo
ante-	delante de
pen-	casi
mono-	uno
extra-	fuera, sumamente

Sufijo	Significado
-mente	de tal manera
-umbre	cualidad
-miento	acción, efecto
-ría	lugar
-ante, -ente	cargo, oficio

1. estar fuera de lo ordinario ____________________

2. no ser sociable ____________________

3. la cualidad de ser manso ____________________

4. lugar donde se hornea pan ____________________

5. el oficio de presidir ____________________

6. casi el último ____________________

7. palabra de una sílaba ____________________

8. de manera rápida ____________________

9. delante de los ojos ____________________

10. la acción de conocer ____________________

INTÉNTALO

Agrega un prefijo o sufijo de las tablas a las siguientes palabras y haz una oración con cada una de ellas: *pensar, helado, terrestre, seguro, pasado, artificial.*

Nombre ______________________________

▶ **Lee cada oración. Escoge la respuesta que explica lo que la palabra subrayada significa. Rellena el círculo que indica la respuesta.**

1 Me gustaría ir a la <u>chocolatería</u> con mi mamá.

A sin ningún chocolate

B lugar donde venden chocolates

C sobre el chocolate

D cualidad del chocolate

2 El comportamiento de Felipe es <u>intolerable</u>.

F sumamente tolerable

G casi tolerable

H con tolerancia

J no se puede tolerar o aguantar

3 Me encontré con María en la <u>antesala</u> de mi casa.

A delante de la sala

B en el jardín

C a una milla de la sala

D en la sala

4 El director de la escuela dio un discurso muy <u>monótono</u>.

F no dio ningún discurso

G dio un discurso usando un solo tono

H dio un gran discurso

J dio un discurso largo

5 La reina vino en un viaje <u>extraoficial</u>.

A en un viaje por avión

B en un gran viaje

C en un viaje fuera de lo oficial

D casi no viaja

6 Ese señor es <u>comerciante</u>.

F tiene el oficio de comerciar

G casi no comercia

H donde comercia

J come mucho

7 Tuve un <u>pensamiento</u> anoche.

A el efecto de pensar

B no pensé

C pensé mucho

D casi no pensé

8 Rolando hizo las tareas <u>exitosamente</u>.

F sin éxito

G de manera exitosa

H con poco éxito

J con mucho éxito

Respuestas

1	Ⓐ	Ⓑ	Ⓒ	Ⓓ	5	Ⓐ	Ⓑ	Ⓒ	Ⓓ
2	Ⓕ	Ⓖ	Ⓗ	Ⓙ	6	Ⓕ	Ⓖ	Ⓗ	Ⓙ
3	Ⓐ	Ⓑ	Ⓒ	Ⓓ	7	Ⓐ	Ⓑ	Ⓒ	Ⓓ
4	Ⓕ	Ⓖ	Ⓗ	Ⓙ	8	Ⓕ	Ⓖ	Ⓗ	Ⓙ

Nombre ______________________________

▶ **Mira el dibujo de la biblioteca de la escuela. En cada línea escribe el nombre de la sección de la biblioteca más apropiada para encontrar cada tema.**

1. un artículo sobre México en una enciclopedia ______________________
2. un libro de poemas sobres los días festivos ______________________
3. los nombres de todos los libros acerca de Hanukkah ______________________
4. la novela titulada *"En el año del jabalí y Jackie Robinson"* ______________________
5. una biografía de Roberto Clemente ______________________
6. los nombres de todos los libros escritos por Gary Soto ______________________
7. el significado de la palabra *retraído* ______________________
8. un mapa de Puerto Rico ______________________
9. un libro de cuentos cortos ______________________
10. un ejemplar de la última edición de *National Geographic World* ______________________

Nombre ______________________________

▶ **Responde a las siguientes preguntas. Para las preguntas 4–8 usa la información de la ficha y de la base de datos de la computadora.**

Base de datos de la computadora

11 OCT 01 Biblioteca de la escuela Grant Cove 2:03 pm
NÚMERO FICCIÓN JUVENIL, GRUPO D
J FIC LOR estado:DENTRO
AUTOR: Lord, Bette Bao
TÍTULO: En el año del jabalí y Jackie Robinson/ Bette Bao Lord; ilustraciones de Marc Simont
EDICIÓN: 1ra.
EDITORIAL: New York, N.Y.: Harper & Row, ©1984
DESCRIPCIÓN: 169págs.
RESUMEN: En 1947, una niña viene de China a Brooklyn, donde se convierte
—Más información en la siguiente pantalla—
Apriete <Enter> para ir a la siguiente pantalla: O=Volver a empezar, B=Regresar, R.W.=Obras relacionadas

Ficha

En el año del jabalí y Jackie Robinson
J
Fic
Lor
En el año del jabalí y Jackie Robinson
Bette Bao Lord; ilustraciones de Marc Simont.
1ra edición, New York, N.Y.: Harper & Row, 1984
169págs.
En 1947, una niña viene de China a Brooklyn, donde se familiariza con la vida americana debido a la influencia de la escuela, del lugar donde vive y de su amor por el béisbol.

1. ¿Cuál de las siguientes fuentes de información probablemente ocupa menos espacio? ______________________

2. ¿Para usar cuál fuente de información necesitas un teclado? ______________________

3. ¿Para cuál fuente de información debes estar familiarizado con el orden de las letras en el alfabeto? ______________________

4. ¿Quién es el autor del libro que aparece en esta página? ______________________

5. ¿Quién es el ilustrador? ______________________

6. ¿Cuántas páginas tiene el libro? ______________________

7. En la actualidad, ¿está el libro en la biblioteca o ha sido prestado?

____

8. ¿Cómo lo sabes? ______________________

____

LA ESCUELA Y LA CASA Anime a su hijo a contarle acerca de la biblioteca de su escuela. Pregúntele qué clase de libros tiene la biblioteca. Luego pídale que le explique cómo usa el fichero o la base de datos de la computadora para buscar un libro.

Nombre ________________________________

▶ **En las siguientes oraciones, dibuja una línea debajo de cada sujeto. Dibuja dos líneas debajo de cada predicado.**

1. Esta canción es difícil.
2. Tú tocas el piano muy bien.
3. Marita y Juan tienen muchos animales.
4. Los vecinos vinieron ayer de visita.
5. Mi papá y mi mamá me llevaron a un bello concierto.

▶ **En las siguientes oraciones añade un sujeto o un predicado para completarlas.**

6. ________________________________ vendrán al teatro con nosotros.
7. Mi prima María y yo ________________________________.
8. ________________________________ comeremos fuera hoy día.
9. ________________________________ tomaremos el avión a México.
10. Mi profesora de música ________________________________.

INTÉNTALO Escoge un compañero de clase para crear oraciones. Tomen turnos para crear un sujeto y un predicado para cada oración. Escriban por lo menos seis oraciones.

Nombre ______________________________

El problema de Lorena

Combinaciones de vocales *ie, ua, ue*

▶ **Escribe una palabra de ortografía para completar cada oración.**

1. El ____________ en California es muy agradable.

2. Tu papá y tu primo ____________ de compras ayer.

3. ¿____________ cuesta una bicicleta nueva?

4. Espero tener ____________ dinero para irnos de vacaciones a la playa.

5. Llevaríamos nuestras bicicletas si ____________ sitio en la camioneta.

6. El folleto que te dieron ____________ el mar y la arena. ¡Se ve todo tan lindo!

PALABRAS DE ORTOGRAFÍA

1. clientes
2. pierna
3. audiencia
4. fueron
5. pueden
6. muestra
7. duende
8. ambiente
9. suave
10. fuente
11. fuerza
12. suficiente
13. hubiera
14. cuadrado
15. guardia
16. cuánto

▶ **Escribe la palabra de ortografía que rime con cada una de las siguientes palabras.**

7. paciencia ____________ **10.** gente ____________

8. queden ____________ **11.** tierna ____________

9. clave ____________ **12.** soldado ____________

Caligrafía: **Ten cuidado de no juntar mucho las combinaciones de vocales *ie, ua, ue* porque pueden parecer una sola letra en lugar de dos. Practica escribiendo las siguientes palabras de ortografía.**

ie

13. clientes ____________ **15.** fuerza ____________

14. duende ____________ **16.** guardia ____________

Nombre ________________________________

▶ **Escoge la palabra de la caja que corresponda a la definición.**

inmigrantes	**sobrenombre**	**afortunado**
cazatalentos	**vestuario**	**prototipo**

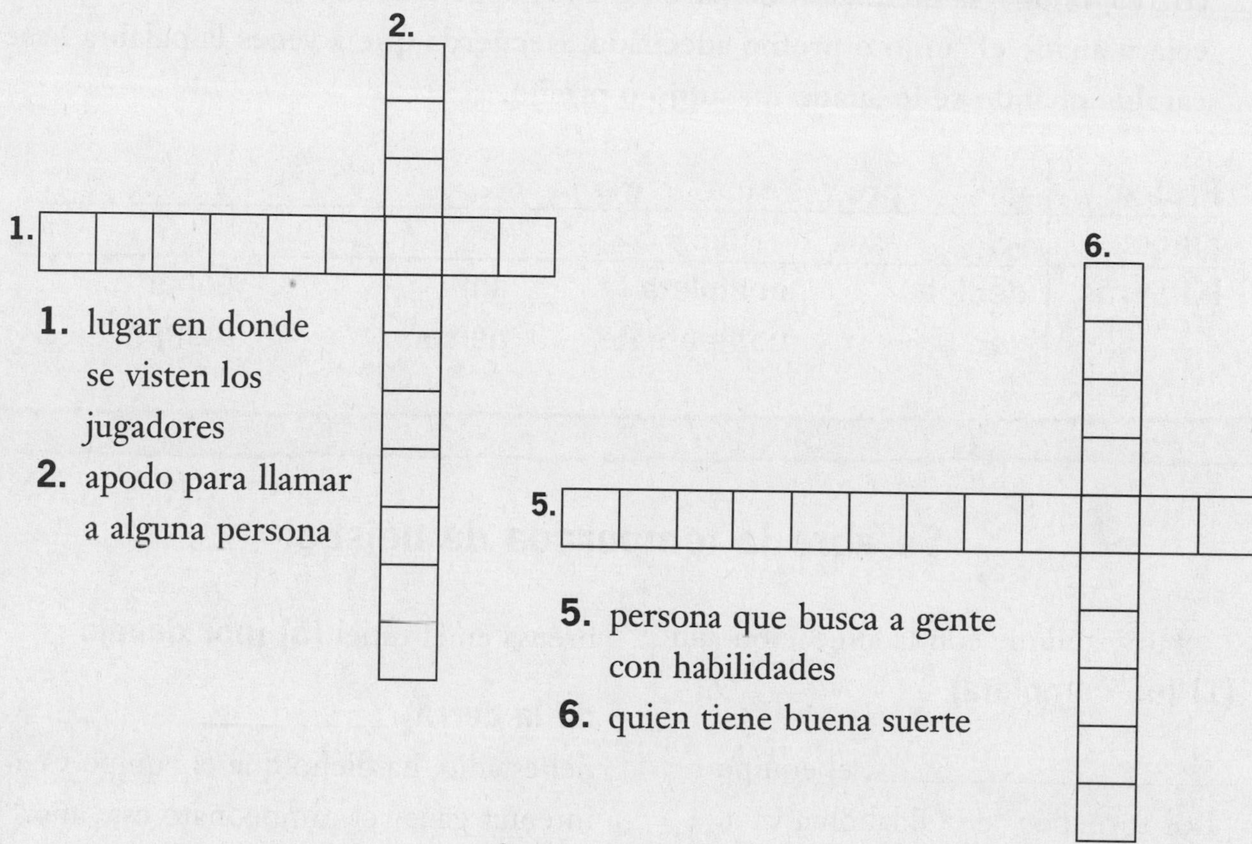

1. lugar en donde se visten los jugadores

2. apodo para llamar a alguna persona

5. persona que busca a gente con habilidades

6. quien tiene buena suerte

3. personas que vienen a vivir de otro país

4. persona ejemplar

LA ESCUELA Y LA CASA Hable con su niño acerca de personalidades del deporte, la política o el entretenimiento que admiren. Den una lista de las razones por las que les gustan cada una de ellas. Usen por lo menos tres palabras del vocabulario.

Nombre ____

Recordatorio de la destreza: prefijo + palabra base = palabra nueva; palabra base + sufijo = palabra nueva

▶ **Lee el siguiente artículo de periódico y escribe la palabra que corresponda a la definición en paréntesis. Escoge palabras de la caja y añade el sufijo o prefijo adecuado. Recuerda que a veces la palabra base cambia cuando se le añade un sufijo o prefijo.**

Prefijo:	in-	pre-	sub-	ex-
Sufijo:	-ción	-ada	-able	
Palabras:	**dedica**	**completa**	**ama**	**poner**
	ver	**competente**	**tierra**	**tiempo**

Se abre la temporada de béisbol

Hoy, aunque con la alineación aún **(1) (no completa)** ____________________, el equipo "Los tornados" de Oklahoma va a **(2) (poner a la vista)** ____________________ sus nuevas contrataciones en el partido inicial de la **(3) (período de tiempo)** ____________________.

El entrenador, quien de una manera muy **(4) (de manera afectuosa)** ____________________ atendió a la prensa en el túnel **(5) (por debajo de la tierra)** ____________________ del estadio, ha dicho que el equipo va a intentar ganar el campeonato este año. "O salimos campeones o nos declaramos **(6) (no competente)** ____________________" ha dicho al mismo tiempo que, para evitar la segunda posibilidad le pidió a los jugadores **(7) (ver con anterioridad)** ____________________ posibles errores y trabajar con **(8) (acción de dedicar)** ____________________.

Nombre ______________________________

▶ **Completa las dos columnas de la tabla S-Q-A. Luego usa la información del cuento para completar la última columna.**

S Lo que sé	Q Lo que quiero saber	A Lo que aprendí

▶ **Enumera cinco razones por las que Lou Gehrig fue admirado por la gente, tanto como jugador de béisbol como por la clase de persona que era.**

1. ______________________________

2. ______________________________

3. ______________________________

4. ______________________________

5. ______________________________

Nombre ______________________________

▶ **Indica cuál de las estrategias para la identificación de palabras usaste para descifrar el significado de las palabras subrayadas.**

- **Pensar en los sonidos que las letras representan.**
- **Buscar palabras que te sean conocidas dentro de la palabra o buscar palabras más cortas dentro de palabras largas.**
- **Buscar patrones conocidos de letras en partes de las palabras.**
- **Combinar sonidos iniciales con patrones de vocales.**
- **Buscar modelos de ortografía.**
- **Observar si otras palabras dan pistas sobre el significado de una palabra.**

Dizzy Dean, un pitcher de mucho renombre en los años 30, tuvo una carrera sensacional. Una tarea que el ejército le requirió fue la de pelar papas. Él usaba las papas como bolas para practicar sus lanzamientos. Más adelante, cuando ya era un pitcher espectacular en las ligas mayores, Dizzy fue conocido por sus incontrolables alardes. Antes de la temporada de 1934, él dijo que ganaría más de 20 juegos. Todos sonrieron, pero Dizzy ganó 30 juegos.

1. renombre ______________________________

2. sensacional ______________________________

____

3. requirió ______________________________

4. papas ______________________________

____

5. espectacular ______________________________

6. sonrieron ______________________________

____

LA ESCUELA Y LA CASA Con su niño, hagan una lista de palabras interesantes o desconocidas que encuentren impresas. Pregunte a su hijo cómo podría descifrar lo que significan o cómo pronunciarlas.

Nombre ____________________

▶ **Forma palabras compuestas usando dos de las tres palabras que se te proporcionan. Observa el ejemplo.**

Ejemplo:

	caza	calle	talentos	cazatalentos
1.	boca	pelota	calle	____________
2.	gato	corta	plumas	____________
3.	saca	vuela	mancha	____________
4.	noche	buena	silla	____________
5.	llanta	gramo	kilo	____________
6.	objetos	nido	porta	____________
7.	platos	saltar	lava	____________
8.	disco	manos	pasa	____________
9.	puntas	discos	saca	____________
10.	alti	ojo	bajos	____________

INTÉNTALO Busca en el diccionario otras tres palabras compuestas y sepáralas. Escribe una oración con cada una de ellas.

Nombre ____

▶ **Las siguientes oraciones tienen sujeto completo. Dibuja una línea debajo de cada sujeto simple. Encierra en un círculo cada sujeto compuesto.**

1. Mi hermano y yo fuimos al estadio a ver el partido de béisbol.
2. El museo tiene fotos de Lou Gehrig.
3. Juan juega simpre a la pelota con sus compañeros de la escuela.
4. Mi familia y la familia de Rosita vamos muy seguido al estadio.
5. Carmen salió a dar una vuelta con su perro.

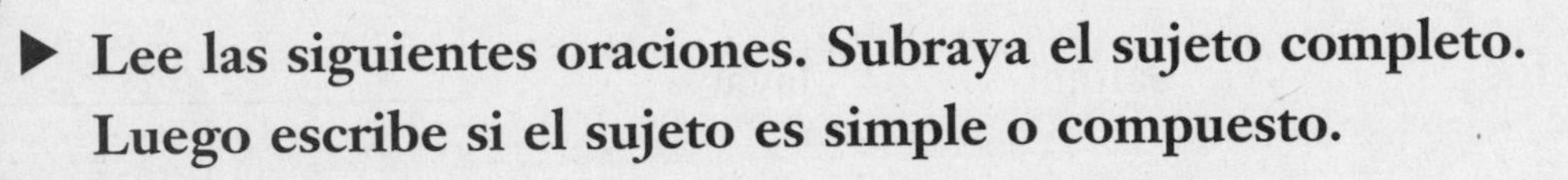

▶ **Lee las siguientes oraciones. Subraya el sujeto completo. Luego escribe si el sujeto es simple o compuesto.**

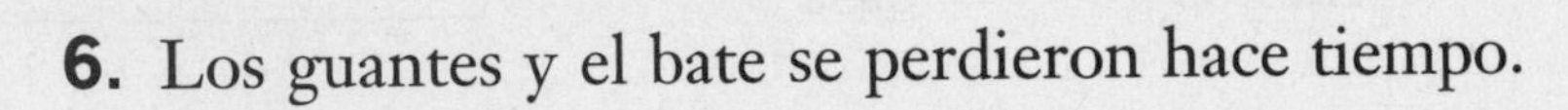

6. Los guantes y el bate se perdieron hace tiempo.

   ____

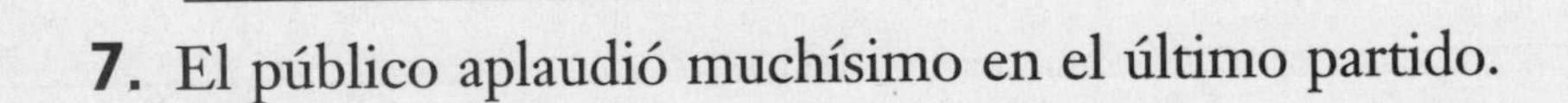

7. El público aplaudió muchísimo en el último partido.

   ____

8. Patricia, María y yo preferimos ir al concierto en vez de ir al partido de béisbol. ______________________
9. El partido comenzará en unos minutos.

   ____

10. Mi mamá me da dinero para que nos compremos papitas fritas y una bebida. ______________________

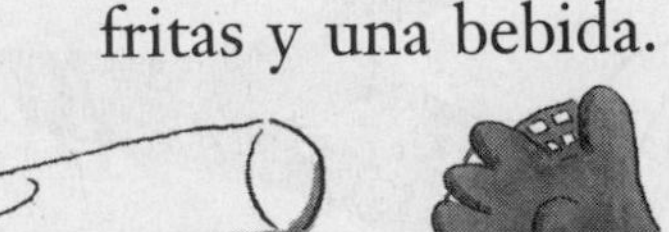

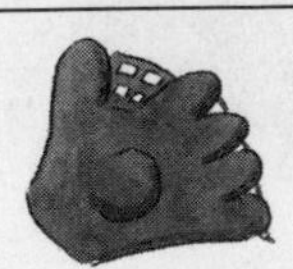
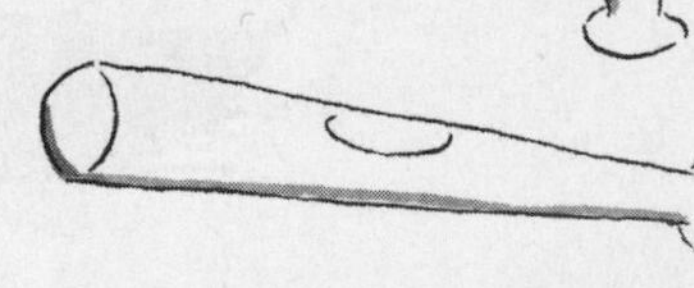

INTÉNTALO Con un compañero de clase escriban cinco oraciones del deporte que más les guste. Identifiquen el sujeto de cada oración y digan si es simple o compuesto.

Nombre ________________________________

▶ **Emplea las palabras de ortografía para completar el siguiente crucigrama.**

Palabras horizontales

1. tienen 3 lados
2. engaño, emboscada, fraude
3. burla, chiste
4. adquirir conocimientos
5. ejercicio, destreza, experiencia

Palabras verticales

6. cubierta de papel en la que se incluye una carta
7. elogiada, alabada
8. planteó
9. dibujó, esbozó
10. número uno, inicio
11. vidrio, material transparente
12. ser viviente

PALABRAS DE ORTOGRAFÍA

1. trampa
2. aprender
3. sobre
4. celebrada
5. propuso
6. práctica
7. triángulos
8. trazó
9. princesa
10. primer
11. criatura
12. crema
13. cristal
14. broche
15. broma
16. crédito

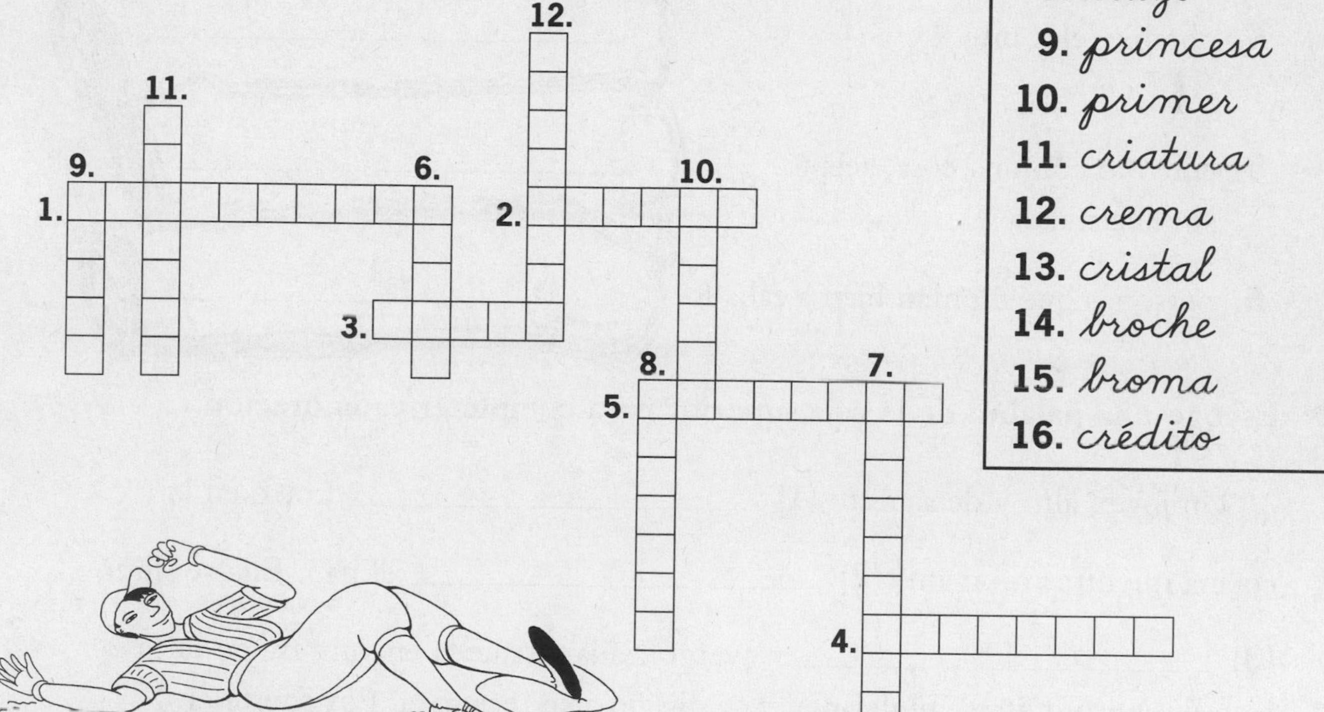

Caligrafía: **Escribe las siguientes palabras de ortografía asegurándote de que queden en el renglón de abajo.**

brazo

13. princesa ____________________
15. broche ____________________
14. crema ____________________
16. crédito ____________________

LA ESCUELA Y LA CASA Con su niño, piensen en más palabras que tengan las combinaciones de consonantes *br, cr, pr* y *tr*. Pueden consultar el periódico o una revista que tengan a su alcance.

Nombre ______________________________

▶ **Escoge las palabras de la caja que correspondan a cada definición. Escríbelas al lado de la definición.**

distinguido **disgustada** **conformó** **estribo** **jinetes** **amasaba**

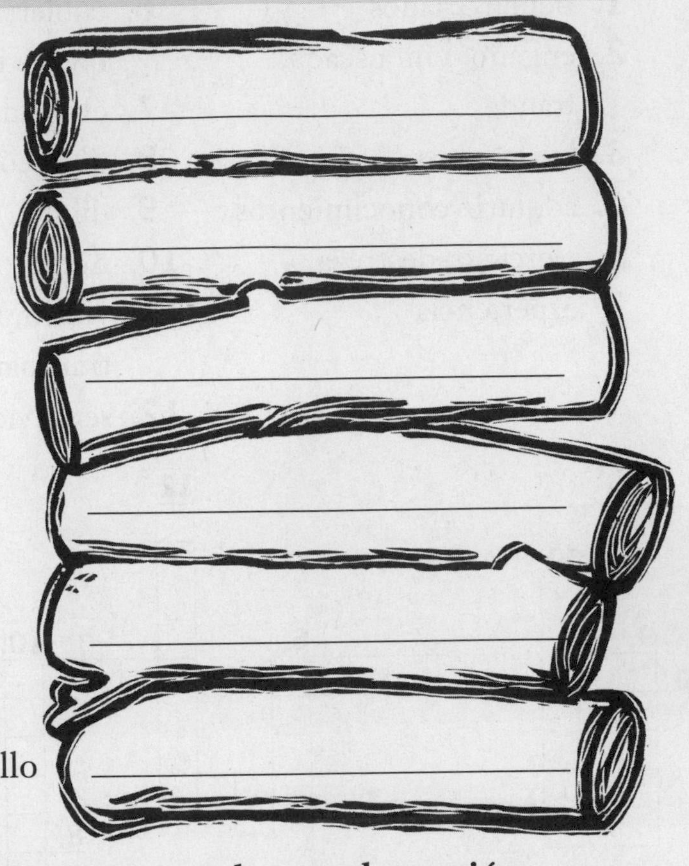

1. hacía masa de un sólido con algún líquido ______________
2. anillo de metal donde el jinete pone el pie cuando está montando ______________
3. que está molesta, enojada ______________
4. notable, elegante ______________
5. convino con una cosa, aceptó sin decir nada ______________
6. personas que montan bien a caballo ______________

▶ **Escoge una palabra de la caja superior para completar cada oración.**

Un joven alto y de aspecto **(1)** ______________ entró en la cocina mientras mi mamá **(2)** ______________ el pan. Ella se sintió **(3)** ______________ y avergonzada de que la encontrara en tales fachas. Quiso quitarse el delantal y se dirigió a su recámara. Por suerte el joven se retiró al instante ya que varios **(4)** ______________ lo esperaban para participar en una carrera. Puso un pie en el **(5)** ______________, subió a su caballo y emprendió una veloz retirada. Mi mamá regresó a sus quehaceres y se **(6)** ______________ con hacerle una señal de adiós.

LA ESCUELA Y LA CASA Con su niño formen por lo menos tres oraciones usando las palabras del vocabulario.

Nombre ___________________________

▶ **Mientras lees la historia, escribe en la tabla de predicciones qué es lo que crees que pasará. Después de leer la historia, escribe lo que realmente sucedió.**

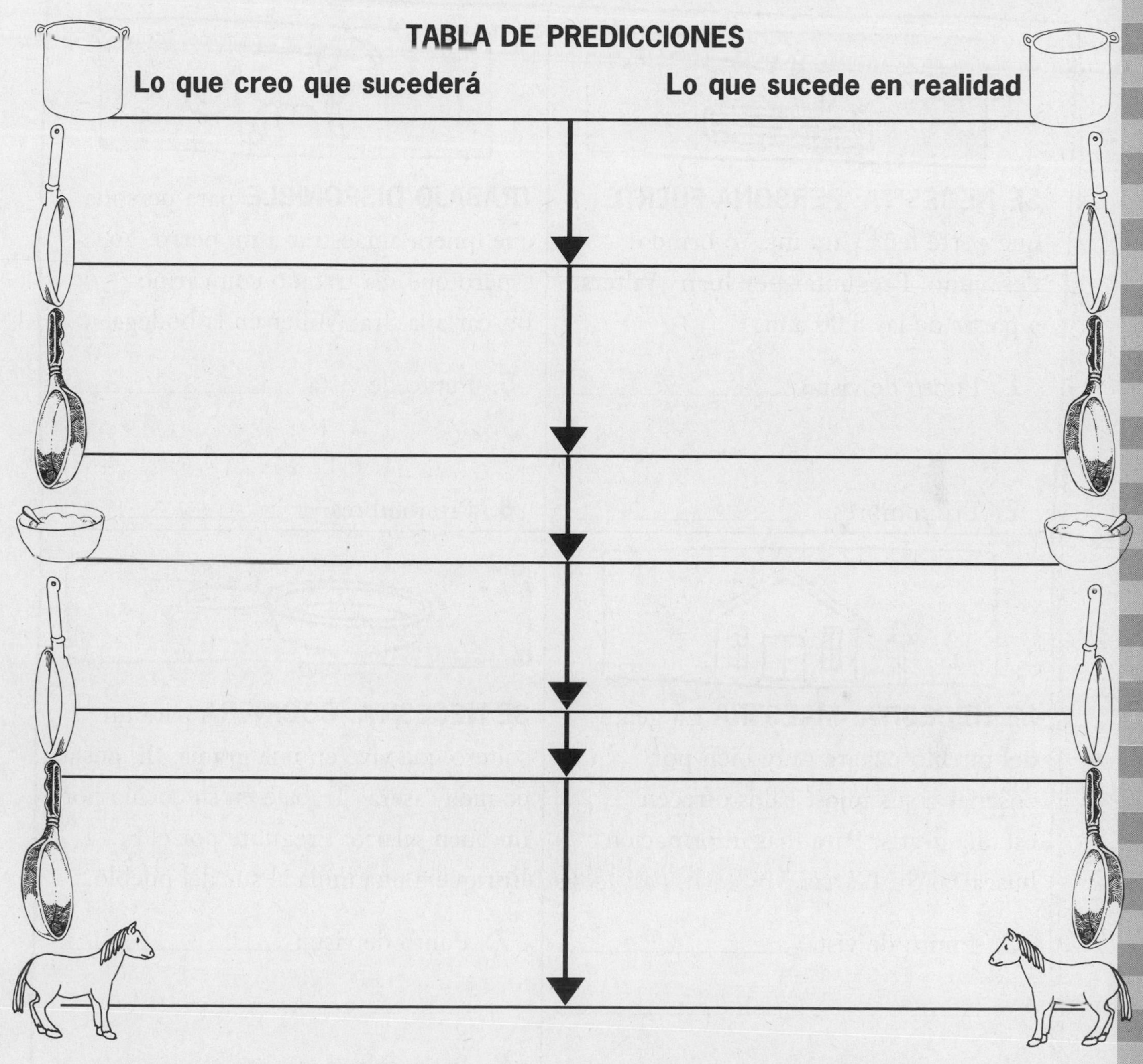

▶ **¿Qué lección aprenden Frida y su mamá al final del cuento?**

____

____

____

Nombre ____

▶ **Lee los siguientes anuncios de periódico y escribe *primera persona* o *tercera persona* para indicar el punto de vista. Luego escribe dos pronombres que te ayudaron a identificar el punto de vista.**

SE NECESITA: PERSONA FUERTE que corte leña para mí. Yo brindo desayuno. Preguntar por Juan Walters a partir de las 8:00 a.m.

1. Punto de vista: ____________________

____

2. Pronombres: ____________________

TRABAJO DISPONIBLE para persona que quiera amaestrar a mi perro. Yo espero que sea tratado con cariño. Buscar a la Sra. Miller en la bodega.

5. Punto de vista: ____________________

____

6. Pronombres: ____________________

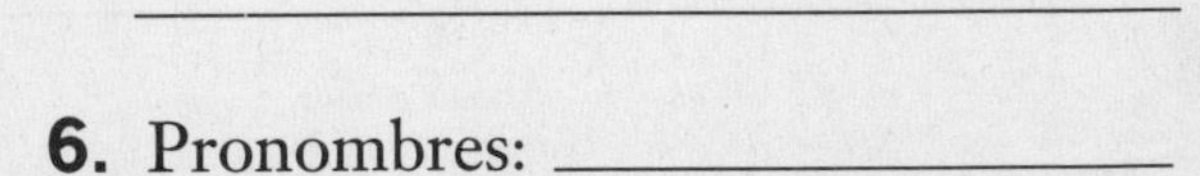

SE NECESITA: MAESTRA La gente del pueblo pagará muy bien por enseñar a sus hijos. Ellos ofrecen estadía gratis. Para más información buscar al Sr. García.

3. Punto de vista: ____________________

____

4. Pronombres: ____________________

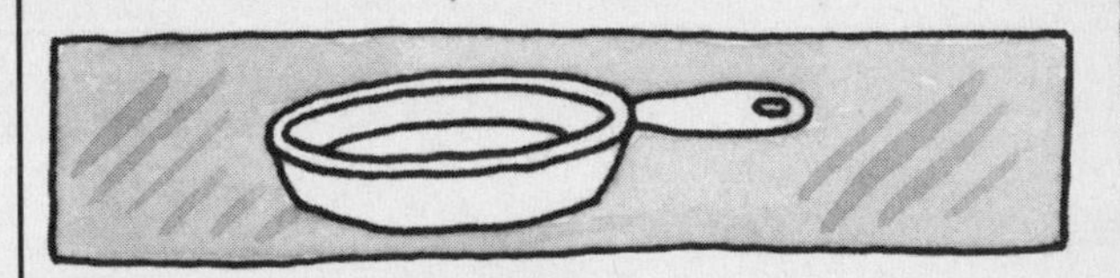

SE NECESITA: COCINERA para un soltero que vive en una granja. ¡Él ansía comida casera! Trabaje en su cocina por un buen salario. Pregunte por el Sr. Enrique a una milla al sur del pueblo.

7. Punto de vista: ____________________

____

8. Pronombres: ____________________

SE NECESITAN: trabajadores para nuestra granja. Nosotros necesitamos ayuda para cultivar la tierra. Buscar al Sr. Fuentes a cualquier hora.

9. Punto de vista: ____________________

____

10. Pronombres:

____

Nombre ____________________

▶ **Vuelve a escribir los anuncios de la página 32. Usa otro punto de vista. Por ejemplo, si un anuncio fue escrito en primera persona, vuélvelo a escribir en tercera persona.**

1. ____________________

3. ____________________

2. ____________________

4. ____________________

5. ____________________

Nombre ______________________________

Frida María
Gramática:

Los predicados completos, simples y compuestos

▶ **Dibuja dos líneas debajo del predicado completo. Después encierra en un círculo el predicado simple.**

1. Frida encontró el caballo de sus sueños.

2. Las hermanas de Frida cocinaban platillos deliciosos.

3. Yo iré a pasar el verano en un rancho.

4. Frida y su familia eran muy unidas.

5. El clima en el rancho es muy agradable.

6. El miércoles pasado fue un día muy agitado para toda la familia.

▶ **Completa la oración con un predicado compuesto. Encierra en círculos los predicados simples que formen parte de los predicados compuestos en tus oraciones.**

7. La familia ______________________________.

8. Los caballos ______________________________.

9. Frida ______________________________.

10. La mamá de Frida ______________________________.

11. Ayer ______________________________.

12. El rancho ______________________________.

INTÉNTALO

Con un compañero de clase escriban seis oraciones. Tomen turnos identificando, en cada oración, el predicado completo, y los predicados simples o compuestos que hayan incluido.

Nombre ___

▶ **Escribe las palabras subrayadas correctamente en las líneas al lado de cada oración.**

1. El cmlai de California es muy templado. ___
2. ¡Qué claor hace hoy día! ___
3. Regresemos porque viene una trtmoena. ___
4. A mí me gusta cuando hace inetov. ___
5. Ayer fue un día muy lovuiols y oscuro. ___
6. El forí en Alaska debe ser tremendo. ___
7. El verano es muy tailcene. ___

PALABRAS DE ORTOGRAFÍA

1. *calor*
2. *hielo*
3. *viento*
4. *caliente*
5. *frío*
6. *nublado*
7. *lluvioso*
8. *niebla*
9. *tormenta*
10. *sol*
11. *tornado*
12. *nieve*
13. *granizo*
14. *aguacero*
15. *clima*
16. *tempestad*

▶ **Escribe la palabra de ortografía que nombra cada dibujo.**

8.  ___
9. ___
10. ___
11. ___
12. ___

Caligrafía: **Asegúrate de hacer tus letras suavemente tratando de que te queden de igual tamaño. Practica escribiendo las siguientes palabras.**

huracán

13. niebla ___
14. tornado ___
15. granizo ___
16. tempestad ___

LA ESCUELA Y LA CASA Con su hijo trate de pensar en más palabras para el clima y escriban un cuento con ellas.

Nombre ____________________

▶ **Completa cada una de las siguientes oraciones con una de las palabras del vocabulario. Puedes usar algunas de las palabras más de una vez.**

bondad desenterrar senderos compartir encender constantemente

1. Tuvimos que parar a tomar agua ____________________.

6. Se está haciendo de noche, ¿no te parece que debemos ____________________ la fogata?

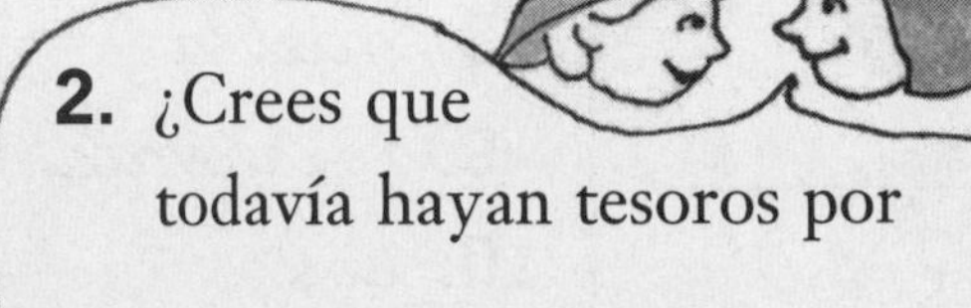

2. ¿Crees que todavía hayan tesoros por ____________________ en el bosque?

7. Si tú quieres puedo ____________________ mi pastel contigo.

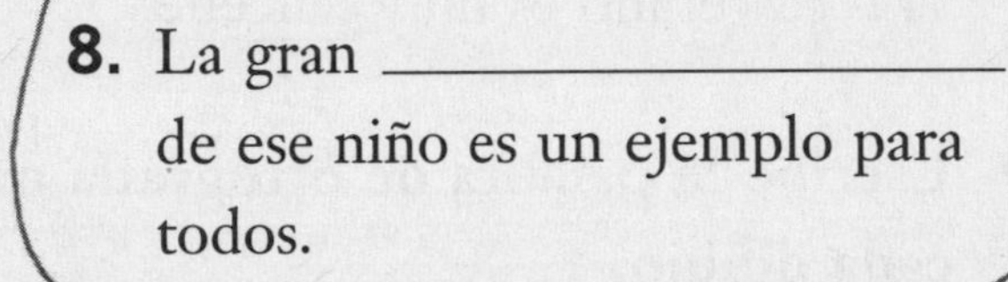

3. Es necesario ____________________ nuestras raciones de comida en esta excursión.

8. La gran ____________________ de ese niño es un ejemplo para todos.

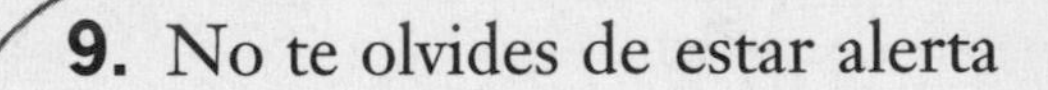

9. No te olvides de estar alerta ____________________.

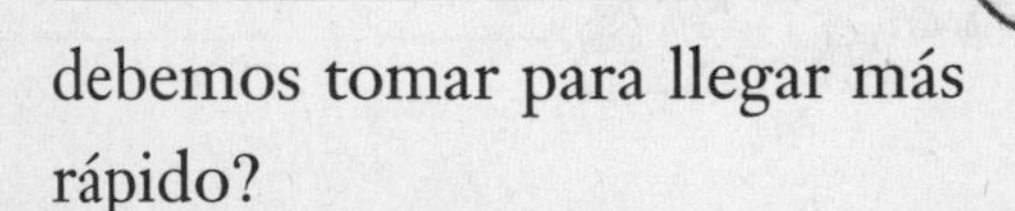

4. ¿Qué ____________________ debemos tomar para llegar más rápido?

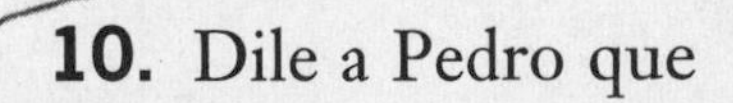

5. Tu ____________________ con las demás personas me hace sentir muy orgulloso de ti.

10. Dile a Pedro que ____________________ la fogata no es una tarea nada difícil.

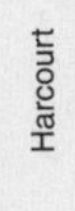

INTÉNTALO Escribe una lista de instrucciones para ir de campamento. Incluye por lo menos dos de las palabras del vocabulario.

Nombre ____________________

▶ **Completa el siguiente diagrama de Venn mostrando cómo los siete niños se comportaron al comienzo y al final de la historia. Luego escribe en qué formas el comportamiento de los niños fue el mismo a lo largo del cuento.**

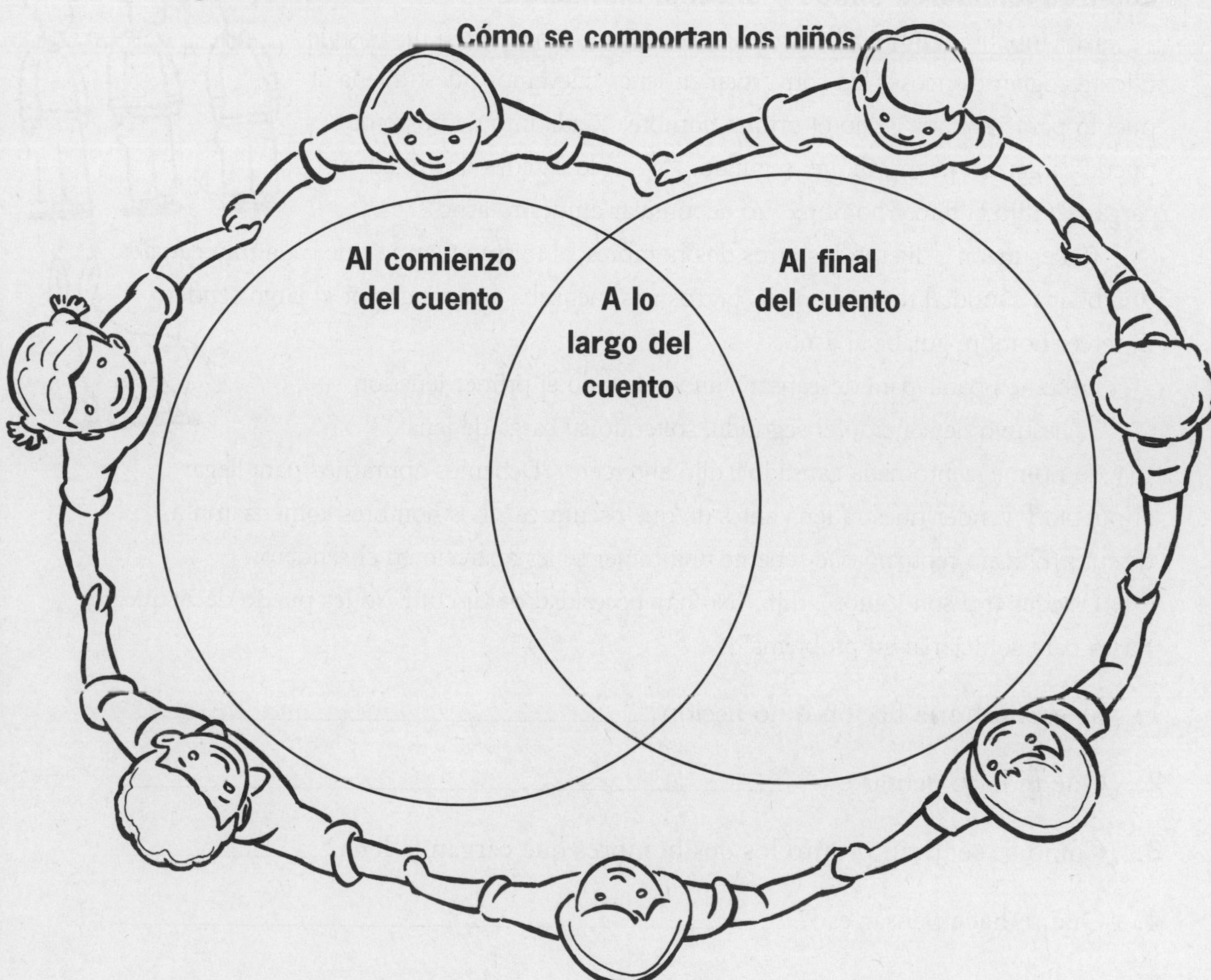

▶ **Describe brevemente cómo los niños aprenden el valor de la unidad.**

____

____

____

____

____

Nombre ________________________________

▶ **Lee la siguiente historia. Luego usa las claves que te da la historia y lo que tú ya sabes para contestar cada pregunta.**

Los tres leñadores tontos y el asno: una fábula

Hace mucho tiempo había tres hombres que trabajaban en un bosque. Ellos recogían troncos y los convertían en leña. "Llevemos nuestra leña al pueblo para venderla", dijo el primer hombre. "Cada uno de nosotros puede cargar un poco", dijo el segundo. "No, sólo ustedes dos pueden cargarla", dijo el tercer hombre. "Yo debo guiar a nuestro asno".

"Tienes razón", dijeron los otros dos hombres, al mismo tiempo que cada uno cargaba una buena cantidad de leña en sus brazos y comenzaba a caminar por el largo sendero. El tercer hombre guiaba al asno.

"Debemos parar para descansar", dijo jadeando el primer leñador.

"Sí", estuvo de acuerdo el segundo, soltando su carga de leña.

"Yo no me siento nada cansado", dijo el tercero. "Debemos apurarnos para llegar al pueblo y vender nuestra leña antes de que oscurezca". Los hombres comenzaron a discutir. El asno rebuznó. De repente una mujer se les apareció en el sendero.

"Ustedes tres son tontos", dijo. "No hay necesidad de discutir. Yo les puedo decir qué hacer para solucionar su problema".

1. ¿Es esta historia ficción o no ficción? ________________________

2. ¿Qué te hace pensar eso? ________________________

3. ¿Cómo se sentirán pronto los dos hombres que cargan la leña? ____________

4. ¿Qué te hace pensar eso? ________________________

____

5. ¿Cómo crees que se siente el tercer hombre? ________________________

6. ¿Qué crees que la mujer les dirá a los hombres para solucionar su problema?

____

7. ¿Qué te hace pensar eso? ________________________

8. ¿Crees que los hombres seguirán el consejo de la mujer? ¿Por qué?

____

Nombre ______________________________

▶ **Lee los siguientes pasajes. Luego lee cada pregunta y escoge la mejor respuesta. Marca la letra que contenga esa respuesta.**

Camelia y sus primos querían alimentar a los pájaros que vivían en su patio. "Tenemos alpiste y piñas que han caído del pino", Camelia dijo. "Si pudiéramos hacer que el alpiste se pegue a las piñas podremos colgarlas de una rama del árbol. Entonces los pájaros podrían alcanzarlas." Tomás, que sólo tenía dos años de edad, miró mientras comía su merienda. Sus dedos estaban cubiertos con mantequilla de maní. "¡Tengo una idea!", exclamó Camelia.

1 Los niños probablemente _____.

Ⓐ comerán mantequilla de maní
Ⓑ esparcirán el alpiste en el suelo
Ⓒ usarán mantequilla de maní para pegar el alpiste a las piñas del pino
Ⓓ construirán pajareras

2 ¿Qué será lo que probablemente *no* harán?

Ⓕ construir pajareras
Ⓖ usar las piñas del pino y la mantequilla de maní
Ⓗ botar la mantequilla de maní
Ⓙ alimentar a los pájaros

3 El líder será probablemente _____.

Ⓐ Tomás
Ⓑ uno de los primos de Camelia
Ⓒ un amigo
Ⓓ Camelia

Después de un rato los niños estaban hambrientos. Camelia dijo que ya no había más mantequilla de maní, pero que ella vio pan y queso en la casa.

4 Los niños probablemente _____.

Ⓕ comprarán más mantequilla de maní
Ⓖ no comerán nada
Ⓗ se prepararán sándwiches de queso
Ⓙ esperarán hasta la noche para comer

Al día siguiente, el papá de Camelia colgó pajareras en el árbol. Después le pidió a Camelia que se acercara a la ventana.

5 Camelia probablemente verá _____.

Ⓐ algunos pájaros en los árboles
Ⓑ ningún pájaro
Ⓒ las pajareras en el suelo
Ⓓ sándwiches de queso

6 ¿Qué será lo que los pájaros probablemente *no* harán?

Ⓕ disfrutar de las nuevas pajareras
Ⓖ volar sin comer nada
Ⓗ volver seguido al árbol
Ⓙ comer en la pajarera

Nombre ________________________________

▶ **Completa cada oración con el homófono correspondiente.**

1. ola, hola

a) Pedrito saludó a su prima diciéndole "¡______________!"

b) ¡Se nos viene esa ______________ inmensa!

2. hierro, yerro

a) En mi examen cometí sólo un ______________.

b) ¿Cuál país es el mayor productor de ______________?

3. hierva, hierba

a) Tienes que esperar que el agua ______________ diez minutos.

b) Juanita arrancó la mala ______________ de los jardines.

4. cebo, sebo

a) Necesitamos llevar más ______________ cuando vayamos a pescar.

b) No me gusta usar ______________ para cocinar.

5. rebelar, revelar

a) Espero que no se le ocurra ______________ tu secreto.

b) El pueblo se va a ______________ ante tanta injusticia.

6. hacienda, ascienda

a) En el verano iré a la ______________ de mi abuelito.

b) Ojalá tu papá ______________ de puesto en el banco.

7. vaso, bazo

a) ¡Me duele el ______________!

b) Por favor, dame un ______________ de agua.

8. asar, azahar

a) Me encanta el olor del ______________.

b) Debemos comenzar a ______________ la carne.

Encuentra dos pares de homófonos distintos a los usados en el ejercicio de arriba. Luego usa cada uno en una oración.

Nombre ______________________________

▶ **Al lado de cada oración escribe si el sustantivo subrayado es *común* o *propio*.**

1. Las ovejas corrían por el campo. ____________

2. Mientras esperábamos, Carlitos comenzó a saltar la soga. ____________

3. De repente vio un sombrero azul en medio del campo. ____________

4. Marita y Julián organizaron a todo el grupo de niños. ____________

5. Sara les habló sobre la necesidad de trabajar juntos. ____________

▶ **Completa las oraciones usando sustantivos comunes o propios.**

6. Vimos partir a los ______________ con mucha pena.

7. Los niños llevaron unos ______________ con ellos.

8. Vivo en el estado de ________________________.

9. Me encantaría viajar a ______________.

10. En el ______________ los niños se sintieron muy solos.

11. Mi mamá se llama ________________________.

12. Me llamo ________________________.

13. Cuando abrieron sus paquetes encontraron distintos ______________.

14. El primer presidente de Estados Unidos se llamaba

________________________.

15. El niño más pequeño encontró un trozo de ______________ en su paquete.

INTÉNTALO

Trabaja con un compañero escribiendo una lista de cosas que deberán llevar en una excursión al bosque. Incluyan los nombres y teléfonos de las personas que llamarían en caso de emergencia. Traten de incluir la mayor cantidad posible de sustantivos comunes y propios.

Nombre ____________________

▶ **Completa las oraciones con las palabras de ortografía.**

1. Es necesario ____________ después de un día agitado.

2. Me encanta andar ____________ en la playa.

3. Tienes que ____________ la plancha para poder usarla.

4. ¿Sabes ____________ frutas?

5. La profesora tiene que ____________ a sus alumnos al patio de la escuela.

PALABRAS DE ORTOGRAFÍA

1. encargo
2. encaminar
3. descuidados
4. enlatar
5. enchufar
6. desaparecido
7. deslizó
8. enfilar
9. encerrar
10. enriquecer
11. descansar
12. descargar
13. descalzo
14. desempleado
15. desfila
16. desvestir

▶ **Escribe la palabra de ortografía que corresponda a cada oración.**

6. lo opuesto de *cuidados* ____________

7. que no aparece ____________

8. lo opuesto de *empleado* ____________

9. recluir, aprisionar, internar ____________

10. lo opuesto a *vestir* ____________

11. resbaló, patinó ____________

12. lo opuesto a *cargar* ____________

Caligrafía: **Cuando escribas la letra *e* hazla como un lazo con un espacio en el medio para que no se confunda con la letra *i*. Practica escribiendo las siguientes palabras de ortografía.**

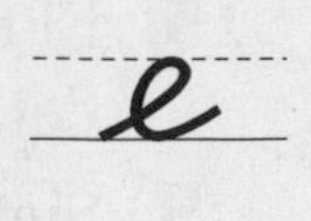

13. encargo ____________ **15.** enriquecer ____________

14. enfilar ____________ **16.** desfila ____________

LA ESCUELA Y LA CASA Con su niño, piensen en otras palabras que tengan los prefijos *des-* y *en-*. Luego escriban un párrafo y usen esas palabras.

Nombre ____________________

▶ **Lee las palabras que están dentro de las flores. Luego escribe la palabra que corresponde a cada acertijo. Puedes usar la misma palabra más de una vez.**

trasladarse **propietario** **hortalizas** **vislumbrar** **conmovido** **extraviarse**

1. Yo soy dueño de mi tierra. ¿Quién soy? ____________________
2. Soy un verbo que quiere decir lo mismo que perderse. ¿Qué verbo soy? ____________________
3. Somos legumbres, plantas comestibles. ¿Qué somos? ____________________
4. Me siento de esta manera cuando me dan una noticia emocionante, inquietante o impresionante. ¿Cómo me siento? ____________________
5. Soy un verbo que se usa cuando alguien va a mudarse de un lugar a otro. ¿Qué verbo soy? ____________________
6. Soy un verbo que se usa cuando no se ve claramente un objeto. ¿Qué verbo soy? ____________________
7. Soy lo opuesto de *encontrarse*. ¿Qué palabra soy? ____________________
8. Nos utilizan mucho para preparar deliciosas ensaladas. ¿Qué somos? ____________________
9. Significo lo opuesto de *quedarse*. ¿Qué palabra soy? ____________________
10. Me parezco al verbo *ver* y tengo tres sílabas en total. ¿Qué verbo soy? ____________________

LA ESCUELA Y LA CASA Con su niño, inventen otros acertijos usando las palabras del vocabulario. Túrnense haciendo las preguntas y contestándolas.

Nombre ______________________________

La casa con árboles

Predecir resultados

Ciencias

Recordatorio de la destreza: **tus conocimientos y experiencias + las claves de la historia = tu predicción**

▶ **Lee cada parte de la historia. Luego completa cada oración.**

"Esa pared de ladrillos en blanco en la parte de atrás de nuestra escuela no es muy bonita", dijo el Sr. Benítez. "Me pregunto si hay algo que pudiéramos hacer para mejorarla".

"Nuestra clase de arte ha estado buscando un proyecto para hacer este año", dijo Luis.

1. La clase de arte probablemente ______________________________.

2. Ésa es mi predicción porque ______________________________

______________________________.

El miércoles, Luis dijo: "Mañana y el viernes son feriados. Comencemos a pintar mañana mismo".

"Mañana yo estaré ocupada", dijo Alicia. "¿Qué les parece el viernes?"

"He escuchado que puede llover ese día", dijo el Sr. Benítez.

3. La clase probablemente empiece a pintar la pared el ______________.

4. Ésa es mi predicción porque ______________________________

______________________________.

Los estudiantes trabajaron bastante todo el día y terminaron de pintar.

"Hay que planear un picnic el sábado para celebrar", dijo el Sr. Benítez.

"Ésa es una gran idea", dijo Luis. "¿El picnic será en la mañana o en la tarde?"

5. Los estudiantes probablemente querrán hacer el picnic en la ______________.

6. Ésa es mi predicción porque ______________________________

______________________________.

INTÉNTALO

¿Qué crees que los estudiantes harán si llueve el sábado en la tarde?

Nombre ______________________________

▶ **Conforme leas, comienza a llenar la red de predicciones. Después de leer la historia, escribe lo que realmente sucedió.**

Datos de la selección

Lo quo ya có

Predicción

Lo que en realidad sucedió

▶ **Describe los problemas de Carla y cómo se solucionaron.**

____

____

____

Nombre ____

▶ **Lee cada ejemplo de lenguaje figurado. Luego escoge una de las alternativas como respuesta.**

1. Llovió a cántaros mientras Carla trabajaba en la huerta.

Llovió ____.

poco **bastante** **muchísimo**

2. El gato te comió la lengua.

____.

Estás muy callada. **No se te ve la lengua.** **Tienes hambre.**

3. Marita habla hasta por los codos.

Ella habla ____.

a gritos **no se le oye** **mucho**

4. "Necesito que me des una mano para cultivar el jardín", dijo Mamá.

Mamá necesita ____________________ para cultivar el jardín.

ayuda **que le des un jalón** **que le traigas agua**

5. Juanito salió de la casa como hoja que se lleva el viento.

Juanito salió ______________________________ de la casa.

cojeando **lentamente** **rápidamente**

6. "Cuéntame tu problema, soy todo oídos", le dijo su mamá.

Su mamá le dijo que ____.

se tapará los oídos **lo escuchará con mucha atención** **no escuchará**

7. "Si quiero llegar a tiempo a mi cita, tengo que volar", dijo Juanito.

Juanito necesita ____________________________ para llegar a su cita.

apurarse **tomar un avión** **hacer sus maletas**

8. Mariana no tiene pelos en la lengua.

Mariana ____.

se ha afeitado la lengua **es muy franca y sincera** **le gusta cantar**

LA ESCUELA Y LA CASA Con su niño, traten de encontrar otros ejemplos de lenguaje figurado en programas de televisión, en la radio o cuando escuchen a personas conversando. Hagan una lista. Trabaje con su niño poniendo el significado junto a cada frase.

Nombre ______________________________

▶ **En las siguientes oraciones el sustantivo está subrayado. Identifícalo como *común* o *propio*.**

1. Las clases de música comienzan en septiembre. ____________

2. El lunes tengo cita con el dentista. ____________

3. Si quieres ir a jugar a la casa de Marisol tienes que vestirte y peinarte. ____________

4. Perú es un país muy lindo. ____________

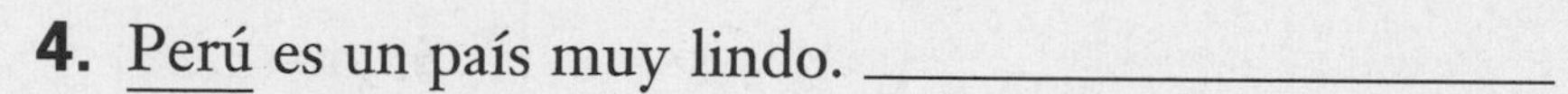

5. El verano es la estación que más me gusta. ____________

▶ **Completa las oraciones usando sustantivos comunes o propios según corresponda.**

6. ____________ y su padre eran muy unidos y trabajadores.

7. Los ____________ fueron de gran ayuda para convertir el terreno en un huerto de árboles frutales.

8. El padre de Carla compró ____________ .

9. Esta historia pudo haber pasado en cualquier ciudad de ____________.

10. Vivo en la calle ____________.

11. Carla es una ____________ muy guapa y buena.

12. El padre de Carla compró una ____________ en el campo.

13. Me llamo ____________ y tengo diez años.

14. Mi mamá se llama ____________.

15. Pasaron tres ____________ sin que creciera ninguna planta.

INTÉNTALO

Con un compañero de clase, escriban un diálogo. Usen tantos sustantivos comunes y propios como les sea posible.

Nombre ____________________

La casa con árboles

Ortografía: Palabras con y sin tilde

▶ **Completa las oraciones usando la palabra correcta.**

que, qué

1. ¿A ____________ hora vas a estudiar?

2. Nos vemos en el lugar ____________ escogistes.

te, té

3. Gracias por invitarme a tomar ____________.

4. El vestido que compré ____________ va a gustar.

cuando, cuándo

5. Pregúntale a Juan ____________ puede venir.

6. Me gusta ir al parque ____________ llega la primavera.

si, sí

7. ____________ hicistes mal tienes que reconocerlo.

8. Claro que ____________ te ayudaré a estudiar.

porqué, por qué

9. ¿____________ ella sintió miedo?

10. Ella sintió miedo ____________ estaba oscuro.

como, cómo

11. Lo hice tal ____________ me lo pediste.

12. Tengo que averiguar ____________ llegar a ese lugar.

el, él

13. ____________ padre de Liza es ingeniero.

14. ____________ es el mejor ingeniero de esa fábrica.

sé, se

15. Lo ____________ sin que me lo digas.

16. Ellos ____________ irán de vacaciones proximamente.

PALABRAS DE ORTOGRAFÍA

1. qué
2. que
3. cuándo
4. cuando
5. porque
6. por qué
7. cómo
8. como
9. té
10. te
11. sé
12. se
13. él
14. el
15. sí
16. si

Nombre ____________________

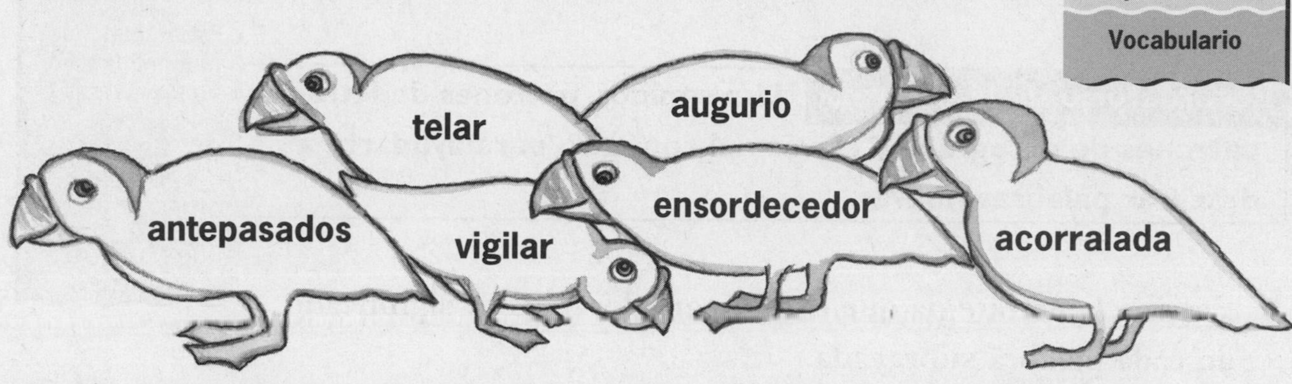

▶ **Escribe la palabra de arriba que mejor corresponda a la definición.**

1. ruido muy fuerte ____________________
2. velar cuidadosamente ____________________
3. armazón en el que se teje ____________________
4. rodeada sin salida ____________________
5. presagio o señal del futuro ____________________
6. ascendientes, personas de la misma familia que vivieron antes ____________________

▶ **Escribe la palabra del vocabulario que mejor complete cada oración.**

Rosita y sus hermanas habían trabajado en el **(7)** ____________________ sin descanso. Tenían la intención de vender su mercancía en la feria del domingo.

De repente escucharon un ruido **(8)** ____________________, ¡era un trueno!

Mamá les dijo que ese ruido sólo podía ser un **(9)** ____________________ de buena suerte. ¡Venderían toda su mercancía en la feria, tal como sus

(10) ____________________!

Cuando llegó el domingo, Rosita se sintió **(11)** ____________________ por la cantidad de gente que había en la feria. Ella y sus hermanas tuvieron que

(12) ____________________ la mercancía cuidadosamente, pero al final del día regresaron a casa muy contentas pues habían vendido todo.

INTÉNTALO

Imagina que tienes un telar en casa. Escribe un párrafo describiendo las cosas que harías. Usa por lo menos dos palabras del vocabulario.

Nombre ______________________________

Recordatorio de la destreza **Usa sonidos, patrones de letras, patrones de ortografía y claves del contexto para ayudarte a descifrar palabras nuevas.**

▶ **Escribe la estrategia que usaste para descifrar el significado de cada palabra subrayada.**

- **Piensa en los sonidos que las letras representan.**
- **Busca partes de palabras o palabras más cortas dentro de palabras largas.**
- **Busca patrones de letras en partes de la palabra.**
- **Busca patrones de ortografía.**
- **Observa si otras palabras te dan claves sobre el significado de una palabra.**

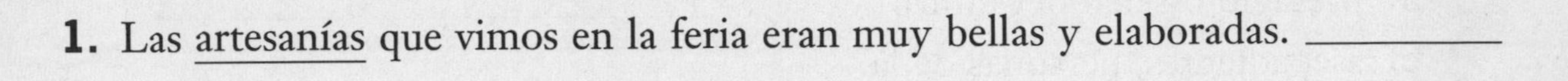

1. Las artesanías que vimos en la feria eran muy bellas y elaboradas. ______________________________

2. Estuvimos muy apretujados en el autobús que nos llevó a la ciudad. ______________________________

3. Los oídos le zumbaban a la chica que estaba en el puesto del medio. ______________________________

4. Son muy necesarias las herramientas para el trabajador de la fábrica. ______________________________

5. Los tapices que vimos en la feria deslumbraron a todos los asistentes. ______________________________

6. El domingo hacía muchísimo calor y el sol estaba radiante. ______________________________

7. Es necesario aparentar que sabemos como llegar para que la gente no crea que estamos perdidas. ______________________________

Nombre ____

▶ **Completa las primeras dos columnas de la tabla S-Q-A. Luego usa información de la historia para completar la tercera columna.**

S	Q	A
Lo que sé	**Lo que quiero saber**	**Lo que aprendí**

▶ **Resume en una oración cómo transcurrió el "gran día" de Esperanza y Abuela.**

____

____

Nombre Emilio C. 12/02/09

▶ **Lee la siguiente historia. Luego escribe las causas y efectos para completar la gráfica.**

"¡Pío! ¡Pío!" Era sólo un pequeño sonido, pero hizo que Patricio dejara su bicicleta y mirara debajo del arbusto. Allí encontró un pajarito. El pajarito trató de volar cuando vio a Patricio, pero una de sus alas estaba herida. Como Patricio no sabía qué hacer para ayudar al pajarito, corrió hacia la casa del Sr. García y tocó el timbre.

—Sr. García, ¿podría Ud. ayudarme? Ud. sabe muchísimo acerca de pájaros y he encontrado uno que tiene el ala herida, —dijo Patricio. El Sr. García sacó guantes, una caja con huequitos para que entre aire y una toalla, y se dirigió con Patricio al arbusto. Con mucho cuidado alzó al pajarito herido y lo puso dentro de la caja.

—Hiciste bien en llamarme, —dijo el Sr. García—. La gente no debe de tratar de curar a estos animales silvestres en casa, así que lo llevaremos al veterinario donde yo trabajo. —En la clínica, el veterinario le dijo a Patricio—: Debido a que fuiste cuidadoso y tierno, este pajarito se recuperará totalmente. Volverá a volar.

Causas	Efectos
Debido a que Patricio escuchó un ruido,	él **(1)** dejo su bicicleta y **(2)** miro al arbusto.
Encontrar al pajarito hizo que Patricio	**(3)** Toco timbre Sr. Garcia y **(4)** pidio ayuda.
Debido a que la gente no debería **(5)** curar los animales en casa	el Sr. García y Patricio **(6)** lo llevaron al veterinario.
Debido a que Patricio fue **(7)** cuidadoso y **(8)** tierno con el pajarito,	el pajarito pronto **(9)** recuperara y **(10)** volara.

Nombre Emilio Cáceres 12/03/09

▶ **Lee la siguiente narración. Luego lee cada pregunta y escoge la mejor respuesta. Marca la letra que represente tu respuesta.**

Guatemala es un país lleno de volcanes. Los más famosos son los de Tajamulco, el Volcán de Fuego, el de Santa María y el Volcán de Agua.

Los volcanes se forman debido a que capas internas de la corteza terrestre se hunden o se elevan. Pueden tener períodos de actividad o períodos de calma.

Los volcanes pueden causar terremotos o temblores muy fuertes, y estos terremotos pueden a su vez causar destrucción de pueblos e incluso ciudades enteras. Generalmente la destrucción que causa un volcán es más debido a que arroja gran cantidad de materiales, como roca y ceniza, que a la lava en sí. La lava se mueve lentamente, mientras que los materiales arrojados pueden abarcar una gran área.

1 Los volcanes se forman debido a que ______.

A un líquido comienza a hervir dentro del volcán

B capas internas de la corteza terrestre se hunden o se elevan

C hay un lago que comienza a calentarse

D un dragón vive dentro del globo terrestre

2 Los volcanes pueden causar ______.

F que haya ausencia de comida

G que haya una inundación

H terremotos o temblores muy fuertes

J que los animales huyan

3 A su vez los terremotos pueden causar ______.

A destrucción de pueblos y ciudades

B muchos viajes

C un calentamiento de la tierra

D un enfriamiento de la tierra

4 Generalmente la destrucción que causa un volcán es debido ______.

F a que calienta mucho la tierra

G a la lava

H a que arroja gran cantidad de roca y ceniza

J a que uno puede caerse en el cráter

5 Las personas que viven cerca de volcanes activos deben tener cuidado porque ______.

A pueden lanzar agua

B pueden causar lluvia

C pueden causar tornados

D pueden entrar en actividad en cualquier momento

Respuestas

1 Ⓐ Ⓑ Ⓒ Ⓓ
2 Ⓕ Ⓖ Ⓗ Ⓙ
3 Ⓐ Ⓑ Ⓒ Ⓓ
4 Ⓕ Ⓖ Ⓗ Ⓙ
5 Ⓐ Ⓑ Ⓒ Ⓓ

Nombre ____

▶ **Escribe las respuestas de las siguientes preguntas.**

1. Si quisieras saber cuales son las artesanías típicas de America Latina, ¿en qué volumen de la enciclopedia buscarías? ___________________

2. Después de escoger el volumen de la enciclopedia, ¿qué harías? ___________________

____

3. Después de encontrar el artículo que estás buscando, ¿cómo encontrarías la información específica que estás buscando? ___________________

____

4. Si quisieras tener la lista más reciente de ferias artesanales en América Latina, ¿sería mejor buscar en la enciclopedia o en Internet? ___________________

____

5. ¿Por qué? ____

____

6. Ennumera tres palabras que podrías usar en una búsqueda de información en Internet. ____

____

7. Después de que tecleas las palabras claves, ¿cómo haces para que la computadora empiece su búsqueda? ___________________

____

8. Para encontrar una lista de las artesanías en los distintos países de América Latina, ¿qué palabras claves te podrían ayudar? ___________________

____

Nombre ______________________________

▶ **Escribe las palabras clave que usarías para hacer una búsqueda en Internet para responder a cada pregunta.**

1. ¿Qué tipo de tela es un tapiz?

__________________ y __________________

2. ¿Qué tipo de vestimenta es el huipil?

__________________ y __________________

3. ¿Qué clase de pájaros son los quetzales?

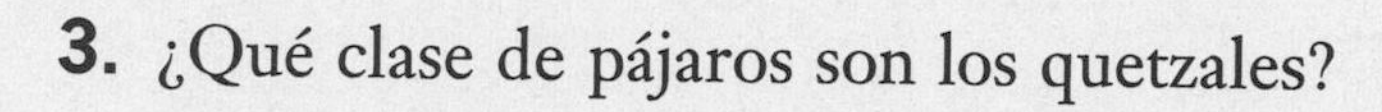

__________________ y __________________

4. ¿Qué clases de artesanías se encuentran en Guatemala?

__________________ y __________________

5. ¿Qué clase de pájaro es un mirlo?

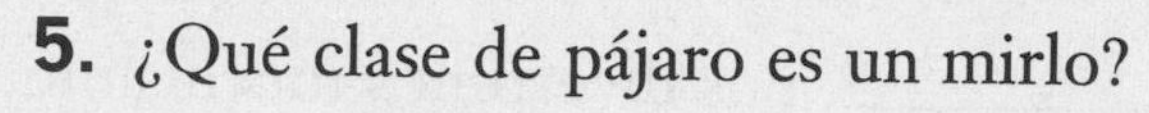

__________________ y __________________

6. ¿Cuándo existió la cultura maya?

__________________ y __________________

7. ¿Qué son cierres de cremallera?

__________________ y __________________

8. ¿De qué se trata el *Popol Vuh*, libro sagrado de los mayas?

__________________ y __________________

LA ESCUELA Y LA CASA Con su niño, vayan a un mapamundi y ubiquen Guatemala. Hagan una lista de preguntas que tengan sobre este país. Luego busquen las palabras clave que podrían usar para hacer una búsqueda en Internet.

Nombre ______________________________

El tapiz de Abuela

Ampliación del vocabulario: Palabras descriptivas

▶ **Lee las siguientes palabras. Luego úsalas para completar las oraciones descriptivas que se presentan a continuación. Puedes usar la misma palabra más de una vez.**

bullicioso **hermosísimo** **zumbaban** **acorralada** **apretujados**

1. El ambiente ________________ de las calles me confundía.
2. Había demasiada gente en el tren, todos nos sentíamos ________________.
3. Un ________________ quetzal parecía vigilar el tapiz.
4. Mi prima se sintió ________________ entre la muchedumbre.
5. Las voces ________________ en mis oídos.
6. A pesar de ser un lugar ________________, nos divertimos muchísimo.
7. Todos se quedaron maravillados al ver tan ________________ lugar.
8. —Espero que no estén todos ________________, —dijo el conductor del camión que nos llevó a la feria.

INTÉNTALO Haz una lista de otras palabras descriptivas. Utiliza un diccionario como ayuda. Luego escribe tres oraciones usando esas palabras.

Nombre ____________________

▶ **Lee las siguientes oraciones. Subraya todos los sustantivos que encuentres. Escribe la letra *S* encima de cada sustantivo en singular y la letra *P* encima de cada sustantivo en plural.**

1. Nosotras fuimos al mercado a comprar tomates y fruta fresca.

2. Vimos varios tapices muy lindos y decorativos.

3. También vimos pájaros en bellas jaulas.

4. Compramos un bocadillo y una bebida.

5. Finalmente regresamos a casa muy cansadas pero contentas.

▶ **En las siguientes oraciones hay un espacio en el cual verás un sustantivo entre paréntesis. Vuelve a escribir la misma oración en la siguiente línea incluyendo ese mismo sustantivo en plural. Haz todos los cambios que requiera cada oración.**

6. La **(niña)** estaba muy contenta.

____

7. El **(hombre)** fue de compras.

____

8. El **(perro)** está hambriento.

____

9. La **(casa)** me pareció linda.

____

10. Esta **(flor)** es muy especial.

____

LA ESCUELA Y LA CASA Con su niño, hagan una lista de quince sustantivos que nombren cosas que se encuentren en su casa. Escriban cada sustantivo en singular y en plural.

Nombre ____________________

El tapiz de Abuela

Sustantivos plurales

▶ **Usa las palabras de ortografía para completar el siguiente crucigrama.**

Palabras horizontales

1. murallas, tabiques
2. penacho, plumaje
3. jefes
4. bordes, costas

Palabras verticales

5. hojas, cartas, documentos
6. canastas
7. capullos, plantas
8. proyectos, ideas

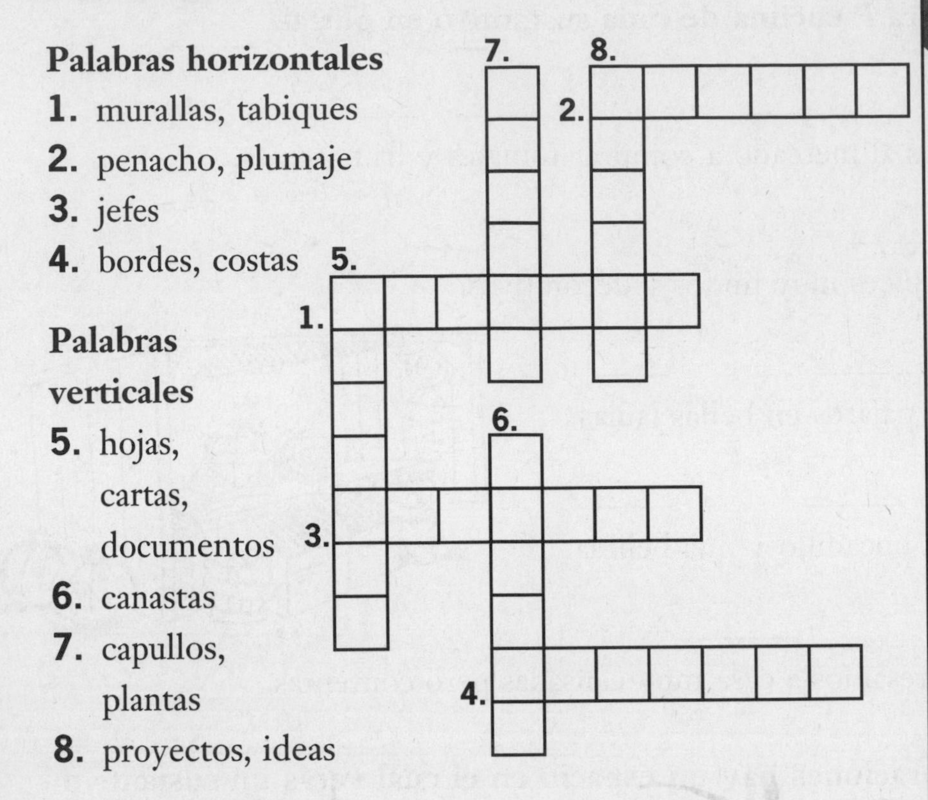

PALABRAS DE ORTOGRAFÍA

1. paredes
2. papeles
3. colores
4. cestos
5. mariposas
6. pirámides
7. planes
8. orillas
9. flores
10. indígenas
11. mundos
12. personas
13. líderes
14. campesinos
15. plumas
16. motores

▶ **Escribe la palabra de ortografía que nombre las siguientes cosas.**

9. ____________________

10. ____________________

11. ____________________

amarillo rojo verde azul

12. ____________________

Caligrafía: **Cuando escribas sustantivos en plural, asegúrate de escribir claramente y sin juntar mucho al resto de las letras las terminaciones *s* o *es*.**

s

13. indígenas ____________________

14. mundos ____________________

15. campesinos ____________________

16. motores ____________________

Nombre ____________________________________

▶ **Lee las palabras dentro de las telarañas y escoge las que resuelvan el crucigrama.**

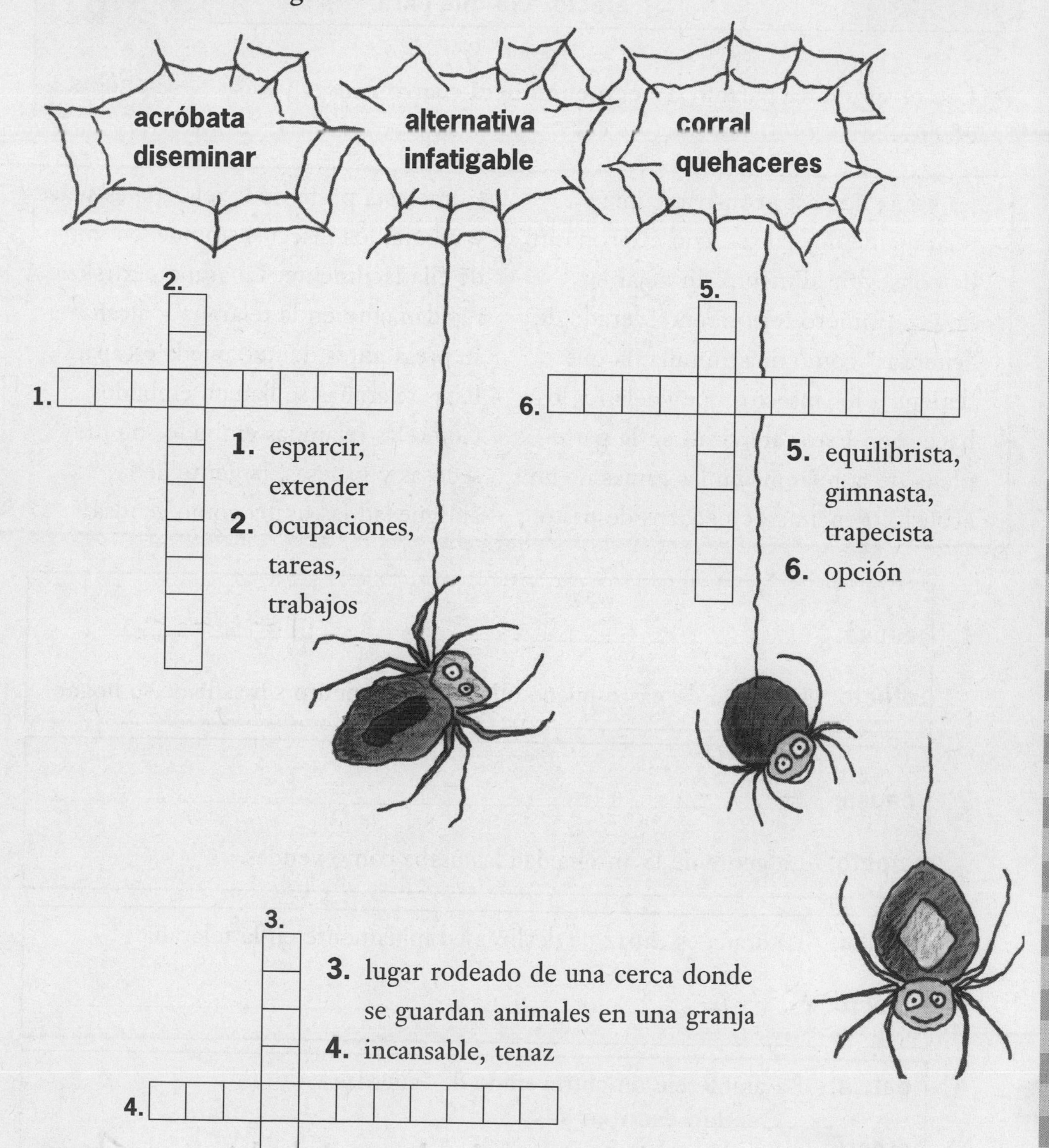

1. esparcir, extender
2. ocupaciones, tareas, trabajos

5. equilibrista, gimnasta, trapecista
6. opción

3. lugar rodeado de una cerca donde se guardan animales en una granja
4. incansable, tenaz

Imagina que eres un animal en la granja de los Zuckerman. Describe un día típico de tu vida. Usa por lo menos tres palabras del vocabulario.

Nombre Emilio cáceres 12/03/09

Recordatorio de la destreza **causa = por qué algo pasa**
efecto = lo que pasa

▶ **Lee el siguiente párrafo. Luego ennumera cuatro causas y sus efectos.**

La araña de pasto construye una telaraña de dos partes, con el propósito de conseguir alimento sin dejar su hogar. Primero teje un entreverado de "cuerdas" como una muralla, la que detiene a los insectos que vuelan y los hace caer. Éstos aterrizan en la parte plana de la telaraña en las ramas de un arbusto o encima de pedazos de pasto. Como esta parte de la telaraña es suave y rebota, los insectos no pueden salir de ella fácilmente. La araña se desliza rápidamente en la telaraña y alcanza a su presa antes de que pueda escapar. Estas telarañas se llaman embudos. Como las telarañas embudo son muy sedosas y gruesas, la gente de la antigüedad las usaba como vendas.

1. causa: Teje una telaraña de dos partes
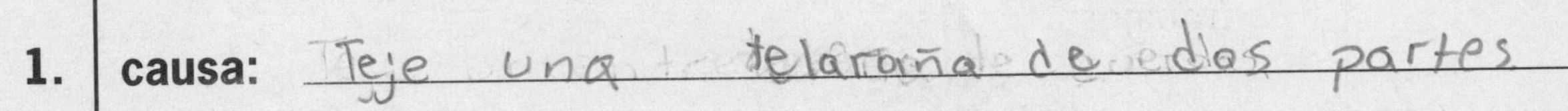

efecto: La araña de pasto puede obtener su alimento sin salir de su hogar.

2. causa: porque son sedosas y gruesas.

efecto: La gente de la antigüedad las usaba como vendas.

3. causa: La araña es capaz de deslizarse rápidamente en la telaraña.

efecto: Alcanza su presa antes que escapar.

4. causa: La araña teje un entreverado de "cuerdas".

efecto: detiene a los insectos que vuelan y hace caer

INTÉNTALO Haz una lista de causas y efectos que sepas de los insectos. Por ejemplo, debido a que las abejas vuelan de flor en flor, ellas diseminan su polen.

Nombre ____________________

▶ **Completa el siguiente mapa de la historia.**

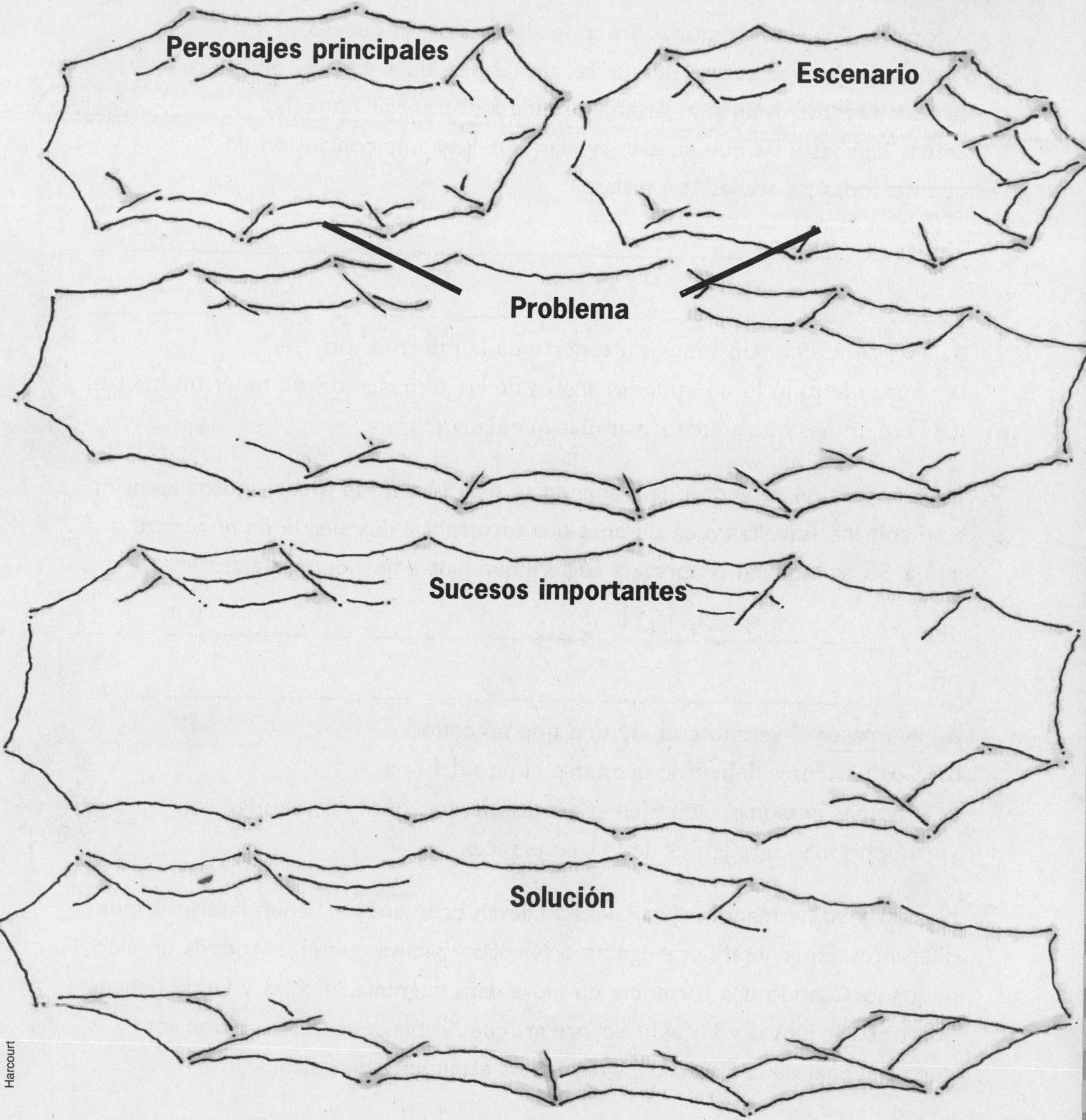

▶ **Escribe una oración describiendo la personalidad de Carlota. Básate en sus palabras, sus pensamientos y sus acciones.**

____

____

Nombre ______________________________

▶ **Escribe el tema más indicado para cada uno de los resúmenes.**

1. A José le disgustan las arañas. Trata de alejarlas de su huerto. Pero luego José se entera de que las arañas pueden ser útiles, porque comen insectos dañinos al jardín. Aprende a diferenciar entre las arañas dañinas y las que pueden ayudar. José llega a la conclusión de que no todas las arañas son malas.

Tema: ______________________________

____

a. No saques conclusiones sin tener toda la información.
b. Aprende todo lo que puedas acerca de las arañas antes de tener un huerto.
c. Hay arañas que ayudan y arañas que dañan.

2. Isabella pasa un verano en la granja de su tía. La tía no le presta mucha atención a su sobrina. Isabella ayuda durante una tormenta y después le da un abrazo a su tía. Su tía también la abraza y sugiere que juntas horneen galletas.

Tema: ______________________________

____

a. No pases el verano con alguien que no conoces.
b. Los parientes deben de ocuparse el uno del otro.
c. Algunas personas esconden sus sentimientos, pero en realidad son mucho más agradables de lo que parecen.

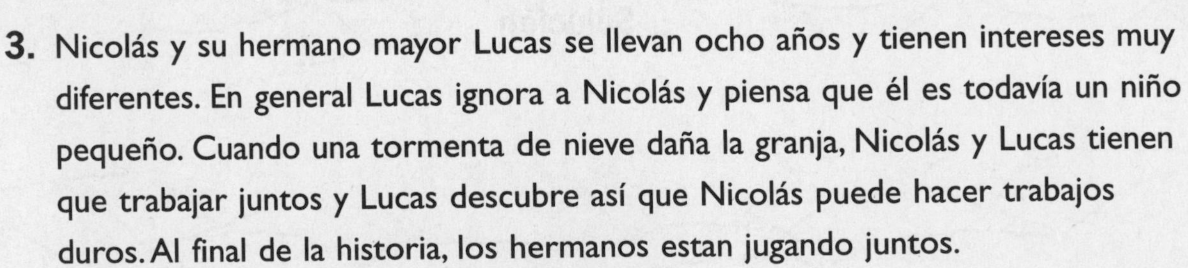

3. Nicolás y su hermano mayor Lucas se llevan ocho años y tienen intereses muy diferentes. En general Lucas ignora a Nicolás y piensa que él es todavía un niño pequeño. Cuando una tormenta de nieve daña la granja, Nicolás y Lucas tienen que trabajar juntos y Lucas descubre así que Nicolás puede hacer trabajos duros. Al final de la historia, los hermanos estan jugando juntos.

Tema: ______________________________

a. Trabajar juntos puede hacer que la gente se aprecie mutuamente.
b. Es muy raro que hermanos que se lleven varios años sean unidos.
c. Los hermanos mayores no tienen mucho tiempo para compartir con sus hermanos menores.

Nombre ________________________________

▶ **Escribe el tema más indicado para cada uno de los resúmenes.**

1. Todos los días Lucy monta su caballo desde la granja de su familia a la pequeña escuela en la pradera. Un día hay una gran tormenta de arena. Lucy sólo puede ver unas pulgadas delante, y no tiene ni idea qué ruta seguir. Sin embargo, su caballo sabe el camino y la lleva a su hogar sin percances.

Tema: ________________________________

____

a. Montar a caballo para ir a la escuela puede ser peligroso.
b. Los animales y las personas pueden ser buenos amigos.
c. Los caballos saben encontrar su camino en la oscuridad.

2. Sally se ocupa de las gallinas en la granja de su familia. Sus padres la dejan quedarse con parte del dinero que ella gana vendiendo huevos. Ella ahorra su dinero y se compra una muñeca muy bonita. Sally tiene una idea y le da su muñeca nueva a Carolina, la hija de sus vecinos. Sally extraña a su muñeca, pero está satisfecha de ver la expresión de felicidad en la cara de Carolina.

Tema: ________________________________

a. Dar algo a los demás puede traer una clase especial de felicidad.
b. Debes ahorrar tu dinero para situaciones de emergencia.
c. No ahorres dinero pues puede ser que no te quedes con lo que compres.

3. Cuando Alberto visita la granja de sus abuelos se siente infeliz y avergonzado porque no sabe nada de los animales ni de la cosecha. Sin embargo, a Alberto le gusta construir y reparar cosas. Cuando el arado de Abuelo se rompe, Alberto lo arregla. Esto lo hace sentir mucho mejor

Tema: ________________________________

a. Si no sabes algo, puedes sentirte avergonzado.
b. Si no sabes nada acerca de animales, aprende a arreglar cosas.
c. Toda clase de talentos son útiles.

LA ESCUELA Y LA CASA Con su niño, hablen sobre una historia que ambos conozcan. Pida a su niño que le explique cual es el tema de la historia.

Nombre ______________________________

▶ **Escoge del siguiente rectángulo la palabra que crees que corresponda a la definición.**

salutaciones	**salud**	**hola**	**bienvenido**
felicitaciones	**adiós**	**felicidades**	**congratulaciones**

1. ______________________: significa una manera muy antigua y formal de saludar

2. ______________________: una expresión informal de saludo y una forma de llamar la atención de alguien acerca de algo

3. ______________________: una forma cortés de saludar a alguien que llega a un lugar por primera vez o ha estado fuera por mucho tiempo

4. ______________________: forma de saludo que desea a la persona a la que se dirige buena salud; una expresión que se dice cuando alguien estornuda

5. ______________________: despedida que significa “vaya con Dios”

6. ______________________: manifiesta la satisfacción que se siente debido al éxito de alguien

7. ______________________: es lo mismo que felicitaciones

8. ______________________: se dice cuando se desea lo mejor a alguna persona en algún evento de la vida por ocurrir

Piensa en más palabras de la vida diaria que se usen en diferentes circunstancias al encontrarse con amigos o parientes.

Nombre ______________________________

▶ **En las siguientes oraciones reemplaza el sustantivo o sustantivos que son el sujeto de la oración, por los pronombres personales que correspondan.**

1. Marita salió a jugar con sus amiguitos. ______
2. Carlitos y Miguel vinieron juntos a mi fiesta de cumpleaños. ______
3. Lucrecia y yo cantaremos juntas en la escuela. ______
4. Pedro fue al cine a ver una película de terror. ______
5. Julia y Anna vendrán a estudiar conmigo. ______

▶ **Vuelve a escribir las siguientes oraciones reeplazando los sujetos de la oración con pronombres personales.**

6. La Señora Pérez y yo iremos caminando a la zapatería.

____

7. Carlota y Wilbur se hicieron buenos amigos.

____

8. El Sr. Otero viene a visitarnos todos los días.

____

9. Teresita estudia bastante.

____

10. Tú y yo siempre llegamos tarde.

____

INTÉNTALO Con un compañero de clase escriban un diálogo en el cual empleen por lo menos cinco pronombres personales.

Nombre ____

▶ **Escoge una de las palabras de ortografía para completar las siguientes oraciones.**

1. Juan le regaló a su novia un brillante ____________.

2. Me gusta el ________________ que te hicieron en la peluquería.

3. Por favor ya no me hagas ________________ tanto, que me van a salir lágrimas.

4. ¿Por qué te ________________ tan temprano de la fiesta?

5. A mi papá le gusta ________________ la barba todos los días.

6. Amalia tiene una amiga ________________.

PALABRAS DE ORTOGRAFÍA

1. *peinado*
2. *treinta*
3. *fuiste*
4. *reír*
5. *baile*
6. *caimán*
7. *afeitarse*
8. *aceite*
9. *genuino*
10. *peinan*
11. *reina*
12. *suiza*

▶ **Escribe la palabra de ortografía que complete la frase acerca de cada dibujo.**

7. Ella cumple ____________ años.

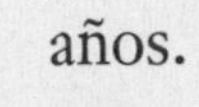

8. Me gustaría ir al ____________ contigo.

9. Me gusta cómo me ____________ María.

10. Ojalá nunca me encuentre con un ____________.

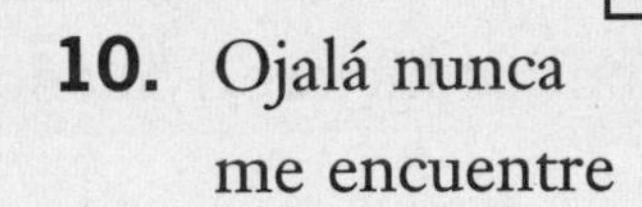

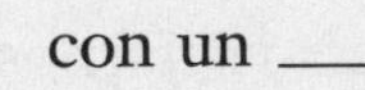

11. La receta lleva ____________ de oliva.

12. La ____________ de España vendrá de visita.

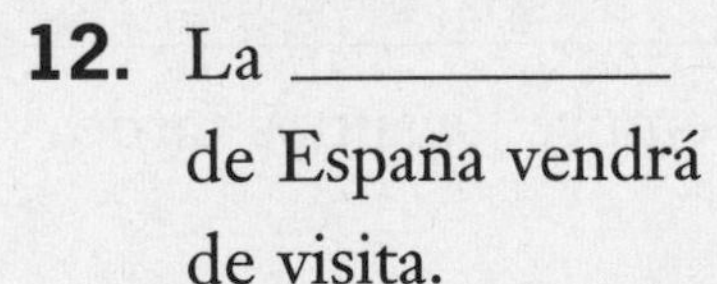

Caligrafía: **Cuando escribas las combinaciones de vocales *ai* y *ui* ten cuidado en separarlas bien y que no se confundan entre ellas. Practica con las siguientes palabras de ortografía.**

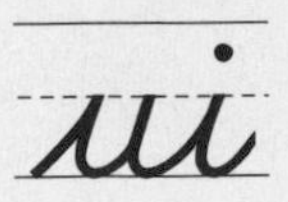

13. caigo ______________________

14. destruir ______________________

15. ruinas ______________________

16. instruir ______________________

Nombre ____________________

▶ **Lee las palabras que están en las ramas del árbol y las definiciones que están en el tronco del árbol. En la línea al lado de cada definicón escribe la palabra que le corresponda. Puedes usar la misma palabra más de una vez.**

destrezas
tropical
orfelinato
sobrevivir
huérfanos
póngidos

1. tiene que ver con las áreas extremadamente calientes cerca del Ecuador ____________________
2. habilidad para hacer algo bien ____________________
3. quedar vivo después de que sucede un evento peligroso ____________________
4. lugar donde viven y son cuidados los huérfanos ____________________
5. personas o animales que han perdido a sus padres ____________________
6. familia de primates desprovistos de cola que incluyen el orangután, el gorila y el chimpancé ____________________
7. sinónimo de perdurar, pervivir, quedar ____________________
8. sinónimo de experiencia, aptitud ____________________

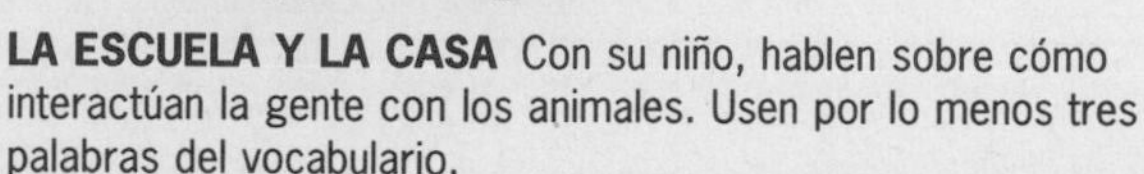

LA ESCUELA Y LA CASA Con su niño, hablen sobre cómo interactúan la gente con los animales. Usen por lo menos tres palabras del vocabulario.

Nombre ____________________________

▶ **Completa las dos primeras columnas de la tabla S-Q-A. Luego usa información de la historia para completar la última columna.**

S	Q	A
Lo que sé	**Lo que quiero saber**	**Lo que aprendí**

▶ **Haz una lista que contenga cinco reglas para cuidar de un orangután. Piensa acerca de las necesidades más importantes de un orangután.**

1. ____________________________
2. ____________________________
3. ____________________________
4. ____________________________
5. ____________________________

Nombre ______________________________

▶ **Completa las anotaciones sobre cada párrafo en el bloc de notas.**

1. Los perros de las praderas son animales sociables. Esto quiere decir que viven juntos, en grupos de familias en "pueblos" subterráneos. Los grupos de familias tienen sus propios "vecindarios", con diferentes cuartos conectados por túneles. Algunos cuartos son para dormir, otros son para almacenar alimentos y otros son guarderías donde los perros de las praderas más jóvenes son criados.

2. Los perros de las praderas tienen puestos de vigilancia encima de la tierra desde donde escuchan al enemigo. Cuando el perro de la pradera se da cuenta de que hay un enemigo, ladra para advertir a los demás del peligro. Este acto le dio su nombre, pero este animal no es realmente un perro. Es un tipo de ardilla de tierra.

3. Los perros de la pradera también a veces se paran en sus piernas traseras, lanzan sus cabezas hacia atrás y dan un silbido. Pueden hacerlo para avisar que no hay enemigos a la vista o para anunciar a otros perros de la pradera que éste es su territorio. Los perros de la pradera pueden saltar mientras silban y algunas veces incluso ¡se caen de espaldas!

Bloc de notas

1. ______________________________

____

____

____

____

____

____

2. ______________________________

____

____

____

____

____

____

3. ______________________________

____

____

____

____

____

Nombre ______________________________

▶ **Completa las anotaciones sobre cada párrafo en el bloc de notas.**

1. Los hogares de los perros de las praderas son confortables debido a que son frescos en el verano y abrigados en el invierno. Debido a que los cuartos del subterráneo son cómodos y seguros, otros animales también los usan.

2. A veces las lechuzas se mudan a los huecos de los perros de las praderas. Allí hacen nidos, ponen huevos e incuban a sus crías en un hogar que ni siquiera tuvieron que construir. También pueden tomar posesión de los huecos de otros animales como los zorrillos

3. Cuando el clima es caliente o cuando hace frío, las serpientes de cascabel muchas veces se mudan a las madrigueras de los perros de las praderas para mantenerse frescas o para calentarse. Los perros de las praderas no se retiran sino que construyen una pared entre el cuarto de las serpientes y el resto de la madriguera.

Bloc de notas

1. ______________________________
____
____
____
____

2. ______________________________
____
____
____
____

3. ______________________________
____
____
____
____
____
____

INTÉNTALO

Lee un artículo en una revista o en una enciclopedia sobre algún animal que te interese. Toma notas del artículo y compártelo con algún miembro de tu familia.

Nombre ______________________________

▶ **Lee los siguientes párrafos. Luego completa el resumen.**

Muchos animales salvajes proporcionan sitios seguros a sus crías mientras que éstas son jóvenes e indefensas. Una clase de refugio es un hueco o túnel llamado guarida. Los zorros tienen *guaridas.* Sus crías nacen y viven allí mientras crecen. Los lobos también excavan sus guaridas, algunas veces con la ayuda de otros lobos de la manada. Los coyotes también tienen guaridas, pero algunas veces toman las madrigueras de otros animales y las agrandan.

Algunas clases de pájaros protegen a sus crías en túneles. Los frailecillos del Atlántico cavan en áreas de pasto cerca al océano. Los animales que se alimentan de abejas hacen huecos en acantilados llegando a tener túneles largos. El martín pescador cava túneles en las orillas de los riachuelos.

Otros pájaros hacen huecos en los árboles para sus crías. Las lechuzas no hacen sus huecos. En vez de eso, encuentran una hendidura en un árbol o un hueco hecho por otro pájaro. Los pájaros carpinteros sí hacen sus propios huecos en los árboles.

Refugios para animales bebés

I. Guaridas

A. ______________________

B. ______________________

C. ______________________

II. Túneles

A. ______________________

B. ______________________

C. ______________________

III. Huecos en los árboles

A. ______________________

1. No hacen sus propios huecos

2. ______________________

B. ______________________

Nombre ____________________

▶ **Lee los siguientes párrafos. Luego completa el resumen.**

Los pájaros trabajan duro criando a sus bebés. Debido a que muchos pájaros recién nacidos no tienen plumas, los pájaros adultos deben mantener la temperatura adecuada en los cuerpos de los bebés. Los padres acurrucan a sus crías para mantenerlos calientes cuando el clima está frío. Cuando está caliente ellos abren sus alas sobre los bebés para darles sombra.

Por supuesto que los padres deben alimentar a sus crías. Los pájaros bebés comen frecuentemente. Sus padres hacen muchos viajes ida y venida al nido trayendo comida.

Otra tarea importante de los padres es proteger a sus crías de cualquier peligro. Tratarán de ahuyentar a cualquier depredador. Otras veces, tratarán de distraer al depredador. Para hacer esto, dejan que el depredador los vea dirigirse al lugar opuesto al que está el nido. Muchas veces, el padre fingirá estar herido. Todo esta demostración es para hacer que el depredador se aleje de los pájaros bebés.

Pájaros que crían a sus bebés

I. Deben mantenerlos a la temperatura adecuada

A. ____________________

B. ____________________

II. ____________________

A. Los bebés comen frecuentemente.

B. ____________________

III. ____________________

A. ____________________

B. Distraer al enemigo para que se aleje de los bebés

1. ____________________

2. ____________________

INTÉNTALO Lee un artículo de no ficción en un libro o una revista. Haz un resumen del artículo para que te ayude a recordar la información. Comienza con el título y luego agrega los detalles.

Nombre ______________________________

▶ **Completa las siguientes oraciones escogiendo el adjetivo posesivo que les corresponda. Las opciones están entre paréntesis.**

1. Estas serán ________________ tareas. **(tu/tus).**

2. ________________ padres están de viaje hasta fin de mes. **(Mi/Mis)**

3. Pedro vino a recoger ________________ lapicero. **(su/sus)**

4. Caminamos junto a ________________ primos. **(nuestro/nuestros)**

▶ **En las oraciones que se presentan a continuación debes completar los espacios en blanco con uno de los siguientes adjetivos posesivos: nuestras, tu, su, mi**

1. ________________ animal favorito es el orangután.

2. No te olvides de llevar ________________ bolsas a la escuela.

3. Dile a tu hermano que por favor traiga ________________ pelota para jugar.

4. Puedes traer a ________________ amigo a la fiesta.

LA ESCUELA Y LA CASA Pida a su niño que escriba un párrafo sobre sus tareas en casa. Este párrafo debe incluir por lo menos dos adjetivos posesivos.

Nombre ______________________________

▶ **Clasifica las siguiente palabras de ortografía de acuerdo a si corresponden a un sonido hecho por personas, animales u objetos.**

1. rugido ______________
2. susurro ______________
3. ronroneo ______________
4. quejido ______________
5. relincho ______________
6. silbido ______________
7. chirrido ______________
8. ronquido ______________
9. maullido ______________
10. chillido ______________
11. estornudo ______________
12. ladrido ______________

PALABRAS DE ORTOGRAFÍA

1. susurro
2. siseo
3. bramido
4. rugido
5. ronroneo
6. ladrido
7. chirrido
8. alarido
9. quejido
10. chillido
11. estornudo
12. ronquido
13. bufido
14. maullido
15. silbido
16. relincho

Caligrafía Asegúrate que las letras de una palabra sean todas del mismo tamaño. Practica con las siguientes palabras de ortografía.

u r l

13. bramido ______________ **15.** bufido ______________

14. alarido ______________ **16.** siseo ______________

Nombre ____

▶ **Lee las siguientes palabras. Escoge la que mejor complete cada analogía.**

paraíso	asciende	cañaveral	diminutas	cascadas	herraduras

1. *Grandes* es a *inmensas* como *pequeñas* es a ____________________.

2. *Baja* es a *desciende* como *sube* es a ____________________.

3. *Árboles* es a *bosque* como *cañas* es a ____________________.

4. *Viento* es a *ventarrones* como *agua* es a ____________________.

▶ **Emplea las palabras del vocabulario para completar el siguiente crucigrama.**

Palabras horizontales

5. hierro en forma de U que usan los caballos
6. terreno cultivado con cañas
7. muy pequeñas

Palabras verticales

8. caídas de agua
9. sitio donde uno se encuentra muy a gusto
10. sube, trepa, alcanza

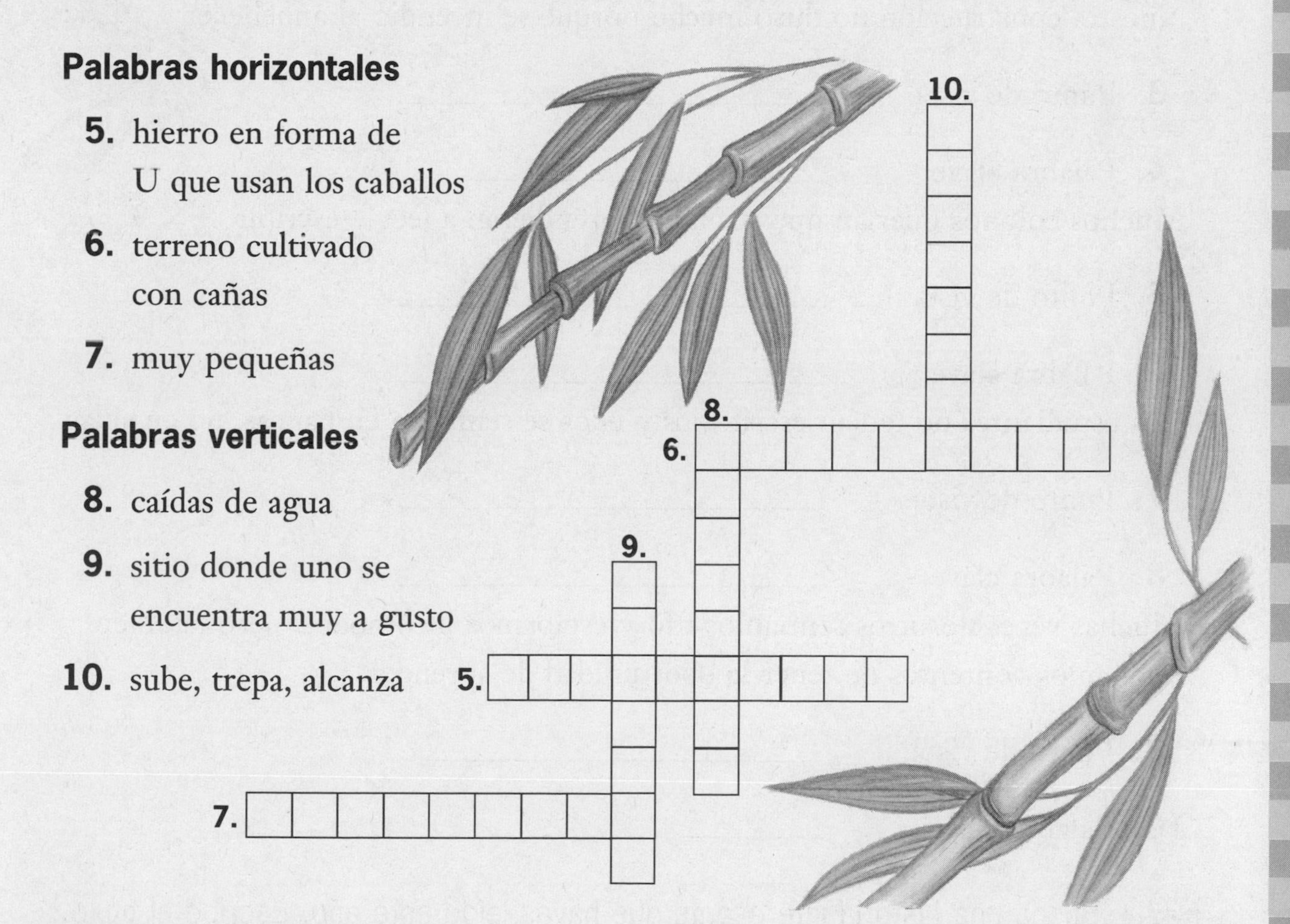

INTÉNTALO Haz una lista de cosas que te gustaría hacer si fueras de visita a la casa de algún familiar o amigo cercano. Incluye por lo menos dos palabras del vocabulario.

Nombre ______________________________

El paraíso de Abuelita

Punto de vista

Estudios sociales

Recordatorio de la destreza ***yo, nosotros, nuestro, nuestros, mi, mí, mío* = primera persona; *él, ella, su, sus, ellos, ellas* = tercera persona**

▶ **Lee cada oración e indica si el punto de vista indica *primera* o *tercera persona.* Luego escoge el pronombre clave que lo identificó.**

Cuando nosotros colonizamos Nebraska, yo asistí a una escuela construida con fardos de paja.

1. Punto de vista: ______________________

2. Palabra clave: ______________________

Nuestra construcción no duró mucho porque se incendió al anochecer.

3. Punto de vista: ______________________

4. Palabra clave: ______________________

Muchos colonos querían que sus hijos aprendieran a leer y escribir.

5. Punto de vista: ______________________

6. Palabra clave: ______________________

Los estudiantes no tenían escritorios y ellos se sentaban en bancas, no en sillas.

7. Punto de vista: ______________________

8. Palabra clave: ______________________

Muchas veces nosotros sentíamos frío y estábamos incómodos, pero también estábamos contentos de tener la oportunidad de aprender.

9. Punto de vista: ______________________

10. Palabra clave: ______________________

INTÉNTALO Busca una historia interesante que hayas leído este año. Escribe el título de la historia. Luego establece el punto de vista que usó el autor. Escribe las palabras clave que identifican el punto de vista.

Nombre ____

▶ **Completa los siguientes cuadros de los personajes. Escribe información importante acerca de cada uno de los personajes.**

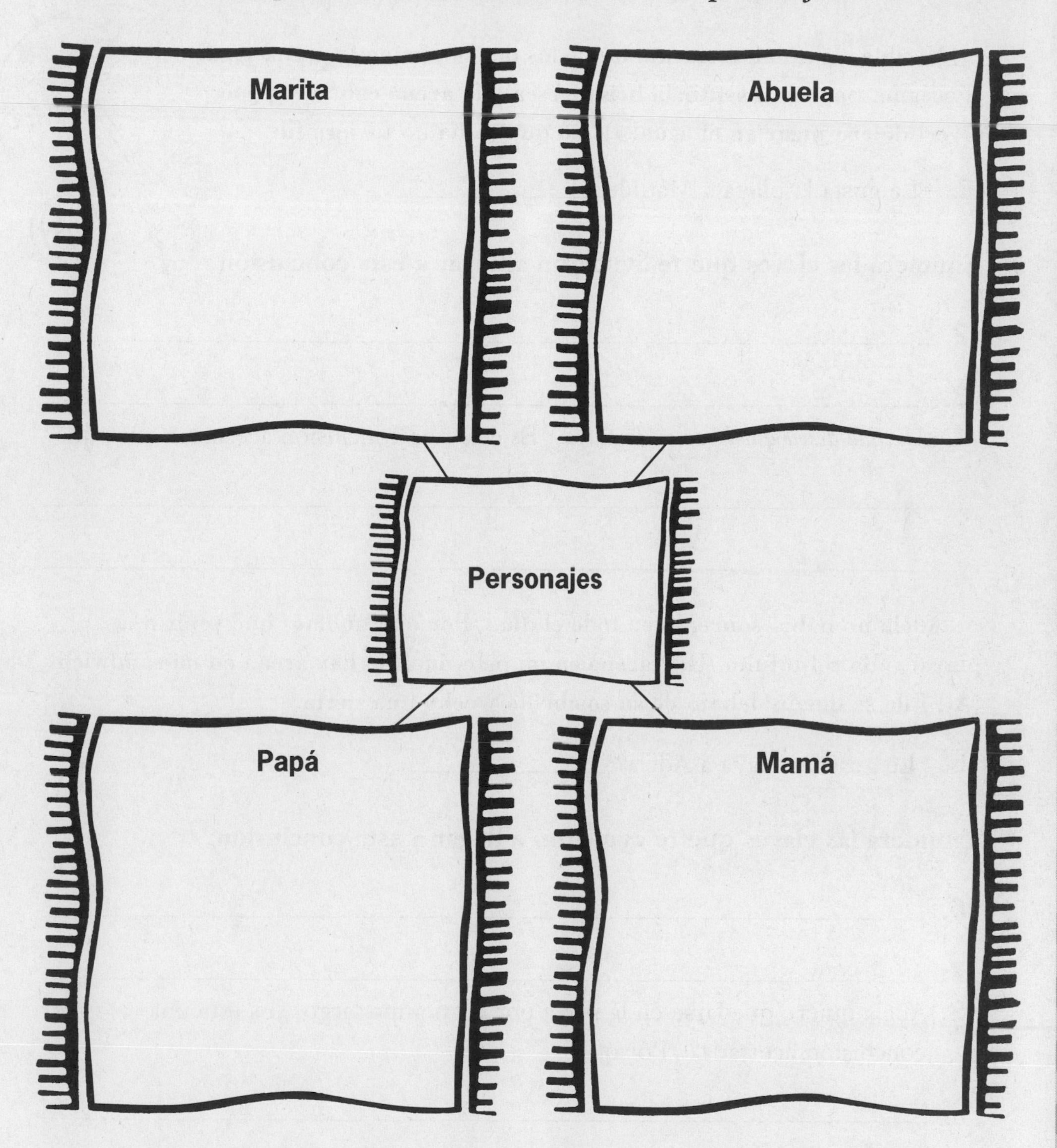

▶ **Escribe una oración estableciendo la relación de Marita con su abuela.**

____

____

Nombre ____

▶ **Lee cada párrafo. Usa la información y tus conocimientos para sacar conclusiones. Responde a las preguntas.**

Matilde movió alegremente los dedos de los pies en la arena y miró el océano. Sonrió al sentir la brisa fresca y la arena caliente. ¡Qué divertido era jugar en el agua! Deseó que el día no tuviera fin.

1. ¿Le gusta la playa a Matilde? ______________

▶ **Enumera las claves que te ayudaron a llegar a esta conclusión.**

2. ____

3. ____

4. *Matilde desea quedarse en la playa.* ¿Es ésta una conclusión acertada? ¿Por qué?

____

____

Adela no había sonreído en todo el día. ¿Por qué tuvimos que venir a la playa?, ella refunfuñó. Hay arena en mi pelo, incluso hay arena en mi sándwich. ¡Aj! Ella se quedó debajo de su sombrilla y echó una siesta.

5. ¿Le gusta la playa a Adela? ______________

▶ **Enumera las claves que te ayudaron a llegar a esta conclusión.**

6. ____

7. ____

8. Adela quiere quedarse en la playa por un tiempo largo. ¿Es ésta una conclusión acertada? ¿Por qué?

____

____

Acuérdate de una historia que hayas leído durante el año. ¿Cómo describirías la manera en que uno de los personajes se sentía?

Nombre ____

El paraíso de Abuelita

Sacar conclusiones

▶ **Lee el párrafo. Luego marca la letra que corresponde a tu respuesta.**

¿Cómo puedes construir una casa sin madera ni ladrillos? En Nebraska, a comienzos de 1900, los agricultores usaban paja porque era un material fácil de encontrar. Había maquinarias para prensar la paja seca y atarla en bloques que se llamaban *fardos.* Cada fardo medía cuatro pies de largo y dos pies de ancho. Con la ayuda de vecinos, los agricultores apilaban los bloques para hacer las paredes. Podrían añadir pisos de madera y techos de tablillas cuando pudieran conseguir madera. Las casas de paja eran relativamente calientes en el invierno, pero los que vivían en ellas tenía que tener cuidado con los incendios, ya que la paja coge fuego fácilmente.

1 Los agricultores de Nebraska cultivaban ______.

A muchos árboles frutales

B árboles de roble

C mucha paja

D no cosechaban nada

2 ¿Qué información te ayudó a contestar la primera pregunta?

F Los agricultores tenían tanta paja que podían construir casas

G Había mucha fruta.

H Había bastante madera.

J Tomaba tiempo construir casas.

3 Las tierras de labranza en Nebraska tenían ______.

A muchos árboles

B muy pocos árboles

C muchas fábricas de ladrillos

D no tenían suficiente paja

4 ¿Qué información te ayudó a contestar la tercera pregunta?

F Los fardos de paja eran muy pesados.

G No habían muchos ladrillos.

H Los agricultores no tenían paja.

J No había madera para construir casas.

5 Los agricultores en Nebraska a comienzos de 1900 ______.

A siempre trabajaron solos

B necesitaban la ayuda de vecinos

C tenían dinero para comprarse todo

D no se llevaban bien con sus vecinos

Respuestas

1 Ⓐ Ⓑ Ⓒ Ⓓ

2 Ⓕ Ⓖ Ⓗ Ⓙ

3 Ⓐ Ⓑ Ⓒ Ⓓ

4 Ⓕ Ⓖ Ⓗ Ⓙ

5 Ⓐ Ⓑ Ⓒ Ⓓ

Nombre ____

El paraíso de Abuelita

Ampliación del vocabulario: Antónimos

▶ **Lee las siguientes oraciones y las frases subrayadas dentro de cada oración. Luego escribe frases que signifiquen lo opuesto a las frases subrayadas.**

1. Cuando una persona desconocida entró, el gatito se puso silencioso y tímido.
   bullicioso y atrevido ***O*** **sigiloso y miedoso**

   ____

2. Jorge hizo un cuenco de cerámica que era redondo y perfecto.
   bellamente circular ***O*** **torcido e imperfecto**

   ____

3. Cuando Juanita terminó de lavarse el pelo y peinarse, le quedó lacio y mojado.
   rizado y seco ***O*** **brillante y suave**

   ____

4. Rebeca quería el mármol más suave y blanco que pudiera encontrar.
   duro y oscuro ***O*** **fino y claro**

   ____

5. El agua del riachuelo estaba fresca y cristalina.
   caliente y oscura ***O*** **fría y clara**

   ____

6. Cuando la ropa salió de la secadora estaba caliente y seca.
   fría y mojada ***O*** **cálida y aireada**

   ____

7. Mi abuela estaba calmada y de buen humor.
   tranquila y alegre ***O*** **nerviosa y de mal humor**

   ____

8. El último papel de lija que quedó era grande y áspero.
   enorme y rugoso ***O*** **pequeño y suave**

   ____

INTÉNTALO Escribe un párrafo corto describiendo un sitio que te gustaría visitar. Luego encuentra un antónimo para cada palabra descriptiva. Usa esas palabras para escribir otro párrafo describiendo un sitio que nunca te gustaría visitar.

Nombre ______________________________

▶ **Lee las siguientes oraciones. Escoge uno de los pronombres que están entre paréntesis para reemplazar los complementos subrayados en cada oración.**

1. Mari invitó a Lucía a comer a su casa. **(la, lo)**

Mari ______________ invitó.

2. Carla y Pedro compraron un coche azul la semana pasada. **(los, lo)**

Carla y Pedro ______________ compraron la semana pasada.

3. La profesora dio mucha tarea a los estudiantes de matemáticas. **(las, les)**

La profesora ______________ dio mucha tarea.

4. Pepe y Teresita fueron a visitar a sus amigos en Londres. **(las, los)**

Pepe y Teresita ______________ fueron a visitar.

5. Mi mamá recorrió el bosque ayer en la mañana. **(los, lo)**

Mi mamá ______________ recorrió.

6. Mi abuelita escribió una carta a su primo Alfonso. **(lo, le)**

Mi abuelita ______________ escribió una carta.

7. La profesora de gimnasia habló con mi papá. **(le, lo)**

La profesora de gimnasia ______________ habló.

8. ¿Te gustó el regalo que di a los estudiantes? **(los, les)**

¿Te gustó el regalo que ______________ di?

INTÉNTALO Con un compañero de clase busquen una historia corta, léanla y luego identifiquen los complementos directos e indirectos. Traten de sustituirlos por pronombres. Lean sus oraciones en voz alta y corríjanse mutuamente.

Nombre ______________________________

▶ **Escribe la palabra de ortografía que resuelva cada acertijo.**

1. Se necesita para vivir; alimento. ______________
2. Es para tomar; líquido. ______________
3. Lo opuesto a despierta. ______________
4. Oculto; no está a la vista. ______________
5. Prenda que usan las mujeres. ______________
6. Lo opuesto a haber dicho la verdad. ______________

PALABRAS DE ORTOGRAFÍA

1. escondido
2. mordido
3. vestido
4. pedido
5. vivido
6. conocida
7. leído
8. mentido
9. comida
10. corrida
11. ofrecido
12. partida
13. traído
14. dormida
15. seguida
16. bebida

▶ **Completa las siguientes oraciones.**

7. Yo he ______________ en muchas ciudades.
8. Hemos ______________ que nos cambien de habitación.
9. Mi perro ha ______________ tu libro.
10. ¿Has ______________ la carta?
11. Su cara me parece ______________.
12. ¿Quién te ha ______________ esas flores tan bellas?

Caligrafía: Cuando escribas palabras con la vocal *i*, hazlo con cuidado y dejando el espacio adecuado para no confundir las letras. Practica con las siguientes palabras.

ida ido

13. corrida ______________
14. partida ______________
15. ofrecido ______________
16. seguida ______________

Nombre ____

▶ **Lee las siguientes palabras. Luego completa las oraciones escogiendo las palabras que correspondan. Puedes usar la misma palabra más de una vez.**

desparramó   macizas   penumbra   parloteo   inquebrantable   coraje

Pedro decidió hacer el viaje con el que había soñado desde hace tanto tiempo. Iría a visitar a su amigo Enrique que vivía al otro extremo del país. ¡Tenía que demostrar su **(1)** ____________________ subiéndose al avión! Su decisión era **(2)** ____________________. En la **(3)** ____________________ marcó el número de teléfono de Enrique y al hacerlo **(4)** ____________________ su colonia en el piso. Enrique contestó el teléfono y después del **(5)** ____________________ Pedro se sintió mejor. Finalmente se despidieron. Admiraba el **(6)** ____________________ de su amigo. Había enfrentado muchos contratiempos en la vida, pero seguía teniendo un carácter jovial y alegre, y un espíritu **(7)** ____________________. Finalmente, Pedro decidió acostarse. Las **(8)** ____________________ velas de su mesita de noche seguían ardiendo. Las apagó y poco a poco fue quedándose dormido. ¡Mañana sería un nuevo día!

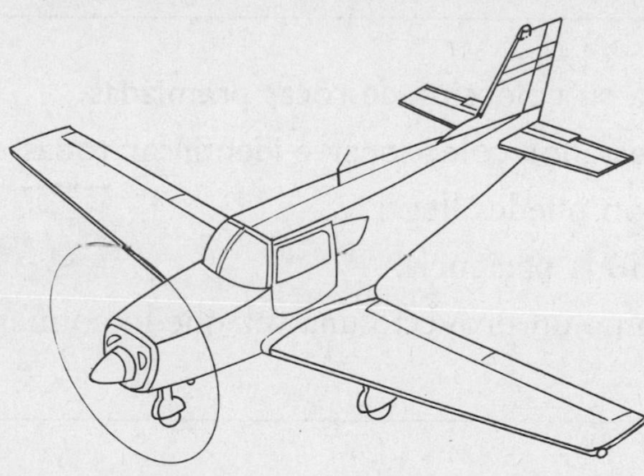

INTÉNTALO Piensa en alguna otra historia que hayas leído sobre las relaciones entre amigos. Escribe un párrafo acerca de esa historia incluyendo por lo menos dos palabras del vocabulario.

Nombre ____________________

Recordatorio de la destreza **claves del texto + lo que ya sabes = conclusión**

▶ **Lee las oraciones y escribe las conclusiones. Luego escribe la clave.**

Marisa Hernández y su mamá llevan su cabra domesticada a muchos concursos. Los otros animales domésticos que Marisa tiene incluyen dos perros, un conejo, un cordero y un poni.

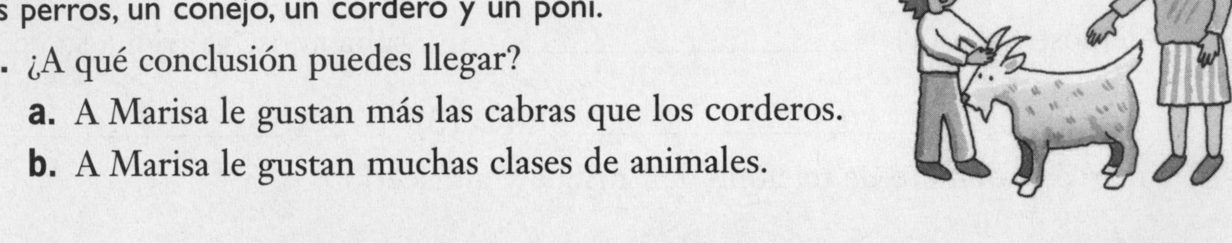

1. ¿A qué conclusión puedes llegar?

a. A Marisa le gustan más las cabras que los corderos.

b. A Marisa le gustan muchas clases de animales.

____

2. Clave: ____________________

Kevin le lee una historia a Ashley, su hermanita. –Quiero que a Ashley le gusten los libros tanto como a mí, –dice Kevin.

3. A qué conclusión puedes llegar?

a. A Kevin no le gusta estar con su hermana.

b. Kevin ha aprendido que leer puede ser divertido.

____

4. Clave: ____________________

Maylee Chen muestra su colección de rocas premiadas. Le tomó a Maylee tres años coleccionar e identificar todas estas rocas.

5. ¿A qué conclusión puedes llegar?

a. Maylee perdió la paciencia.

b. Maylee termina un proyecto una vez que lo comienza.

____

6. Clave: ____________________

INTÉNTALO

Haz una lista de conclusiones a las que puedes llegar de una persona que conoces o de un personaje de algún libro que hayas leído.

Nombre ________________________________

▶ **Completa el siguiente diagrama de causa y efecto.**

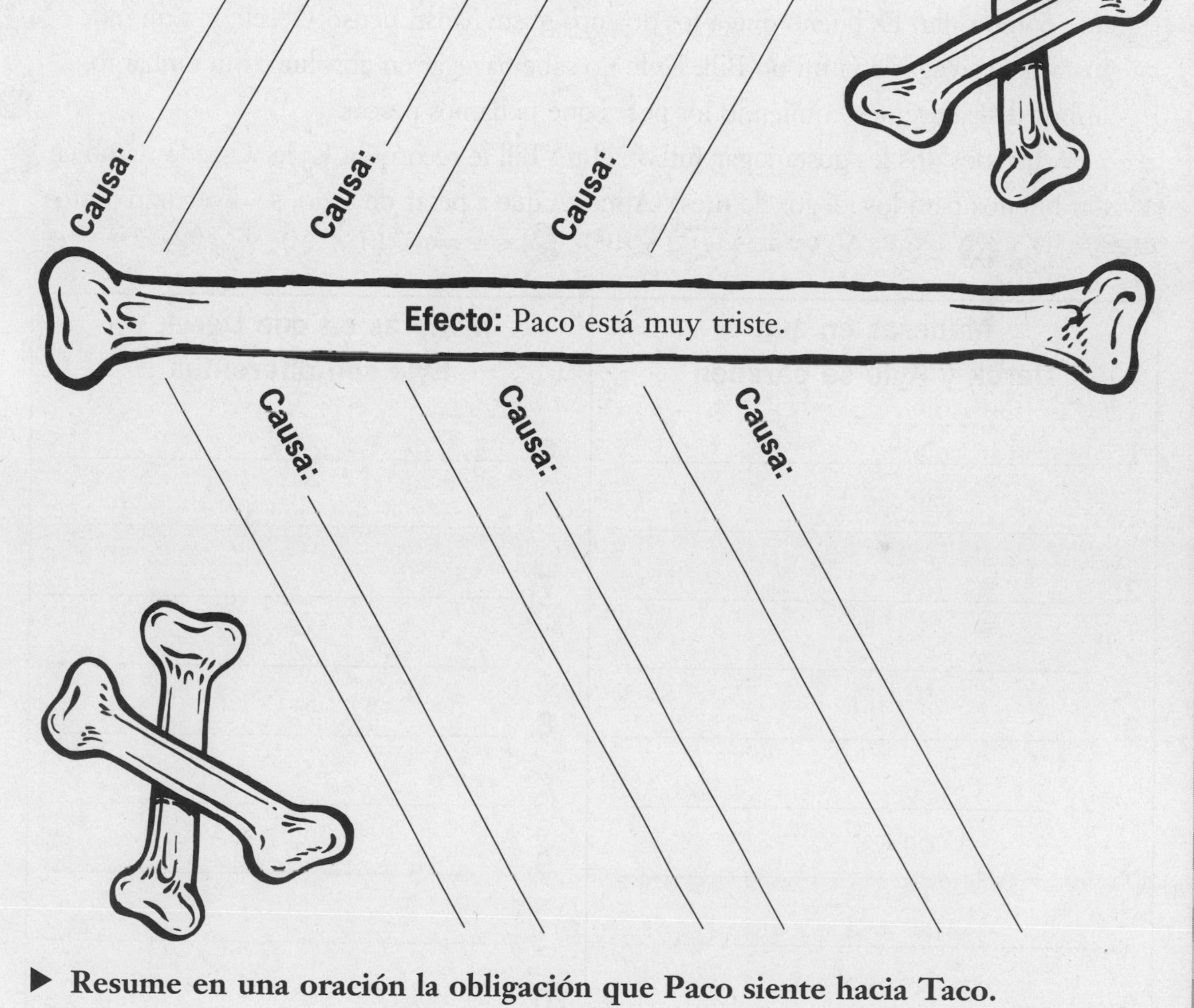

▶ **Resume en una oración la obligación que Paco siente hacia Taco.**

____

____

____

Nombre ________________________________

Juan y Taco

Comparar y contrastar

▶ **Lee los siguientes párrafos. Luego completa la tabla mostrando cinco maneras en que Derek y Kyle son iguales y cinco maneras en que son diferentes.**

Derek no estaba seguro si quería que su primo Kyle pasara el verano con él y su familia. A ambos les gustaba mucho el béisbol, pero Derek era fanático de los Piratas mientras que Kyle lo era de los Gigantes. A Kyle no le gustaban los gatos, en cambio Derek amaba a su gatito. Yo hablo mucho, pero él es callado. A él no le gusta ir al cine como a mí. Es bueno que a los dos nos guste nadar, pensó Derek, y a mí me gusta ir a navegar con mi tío Bill. Kyle no sabe navegar en absoluto. Sin embargo, ambos disfrutaremos comiendo los peces que podamos pescar.

A ustedes dos les gusta jugar fútbol, el tío Bill le recordó a Kyle. Ustedes también son buenos para los juegos de mesa. Apuesto que a pesar de todo, se divertirán juntos.

Maneras en que Derek y Kyle se parecen	Maneras en que Derek y Kyle son diferentes
1. ______________________	6. ______________________
2. ______________________	7. ______________________
3. ______________________	8. ______________________
4. ______________________	9. ______________________
5. ______________________	10. ______________________

LA ESCUELA Y LA CASA Hable con su niño acerca de dos sitios que hayan visitado, tales como un parque, una tienda o la casa de alguien. Pida a su hijo que enumere las formas en que estos dos lugares son parecidos y las formas en que son diferentes.

Nombre ____

Juan y Taco

Ampliación del vocabulario: Lenguaje figurado/Símiles

▶ **Lee los siguientes símiles. Luego escoge uno de ellos para completar cada una de las siguientes oraciones.**

como bebé	**como un tonto**	**como crema batida**
como el sol	**como comer árboles**	**como amigas íntimas**
como pez fuera del agua	**como tren de carga**	**como el día y la noche**
como hermanos gemelos		

1. El tornado hizo un ruido tremendo. Sonó

____.

2. Me encanta ver las nubes una encima de la otra en un día de verano. Se ven

____.

3. Mi hermanito dice que comer brócoli es

____.

4. Ricardo se olvidó de su parte en la obra teatral. Se sintió

____.

5. La cara de Rebeca brillaba

____.

6. Adela y Teresa son hermanas y hacen todo juntas.

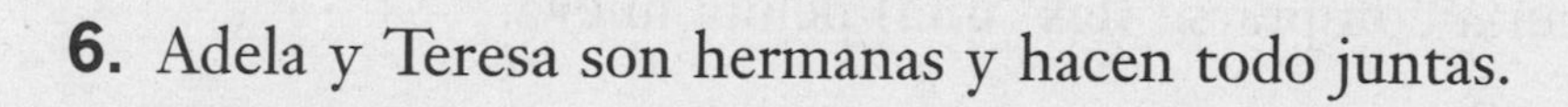

Son ____.

7. Julia se sentía fuera de lugar en su nueva escuela.

Ella se sentía ____.

8. Me acosté en cuanto regresé del campamento. Dormí

____ recién nacido.

9. Roberto y Alfonso son dos hermanos que se parecen mucho y siempre les gusta hacer las cosas juntos. Son

____.

10. Él era extrovertido y sociable y ella era tímida. Eran

____.

Nombre ______________________

Juan y Taco

Gramática: Los adjetivos y los artículos

▶ **Vuelve a escribir cada una de las siguientes oraciones. Reemplaza el espacio en blanco por la clase de adjetivo que se te indica entre paréntesis.**

1. El jóven y su amigo describieron los ____ perros que tienen. **(¿cuántos?)**

____

2. Fue una tarde ____. **(¿qué clase?)** ______________________

3. La mamá de Juan cocinó ____ comida. **(cuál?)** ______________________

____

4. ¿Apredieron su lección ____ alumnos? **(¿cuáles?)** ______________________

____

5. Ésta fue una aventura ____. **(qué clase?)** ______________________

____

▶ **Vuelve a escribir las siguientes oraciones usando el artículo correcto que está entre paréntesis.**

6. **(El, unos)** hijo quería comprarse **(las, una)** pelota nueva.

____

7. ¿Tuvieron **(una, las)** buena vida juntos?

____

____

8. Tener **(un, los)** perro es como tener **(la, un)** amigo fiel.

____

____

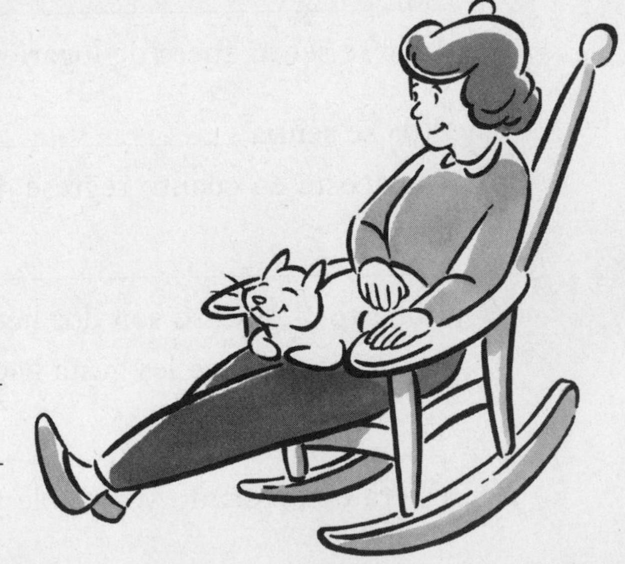

LA ESCUELA Y LA CASA Con su niño escoja tres sustantivos. Luego formen oraciones con ellos incluyendo adjetivos y artículos que modifiquen a ese sustantivo.

Nombre ______________________________

▶ **Lee el párrafo. Completa las oraciones.**

Marita estaba muy emocionada pensando que pronto vendría su tía Carmenza a pasar unos días con ella y su familia. Mamá le había dejado como tarea la limpieza de la cocina y de su dormitorio. Tendría que ver si el

(1) ____________________ estaba aún funcionando,

poner el **(2)** ____________________ en su sitio, y

sacar la **(3)** ____________________ que veía en una esquina. Luego pasaría a su dormitorio donde acomodaría sus muñecos de peluche sobre el

(4) ____________________, y daría de

comer al **(5)** ____________________ y al

(6) ____________________ que crecían en una caja de vidrio. También tendría que guardar el

(7) ____________________ que estaba sobre su escritorio. Todo tenía que estar perfecto para darle la

(8) ____________________ a su tía favorita. Marita comenzó a trabajar con mucho entusiasmo y alegría.

PALABRAS DE ORTOGRAFÍA

1. *ciempiés*
2. *bienvenida*
3. *altiplano*
4. *sobrevivir*
5. *rompecabezas*
6. *cubrecama*
7. *lavaplatos*
8. *saltamontes*
9. *puntiaguda*
10. *portafolios*
11. *entremés*
12. *correcaminos*
13. *pelapapas*
14. *parabrisas*
15. *paracaídas*
16. *telaraña*

▶ **Escribe y separa con un guión las siguientes palabras compuestas.**

9. sobrevivir ____________________ **11.** parabrisas ____________________

10. correcaminos ____________________ **12.** paracaídas ____________________

Caligrafía: **cuando escribas palabras compuestas, une las dos palabras para que parezcan una sola. Escríbelas claramente.**

altiplano

13. altiplano ____________________ **15.** portafolios ____________________

14. puntiaguda ____________________ **16.** entremés ____________________

Nombre ______________________________

▶ **Lee las siguientes palabras. Luego úsalas para resolver los acertijos. Puedes usar la misma palabra más de una vez.**

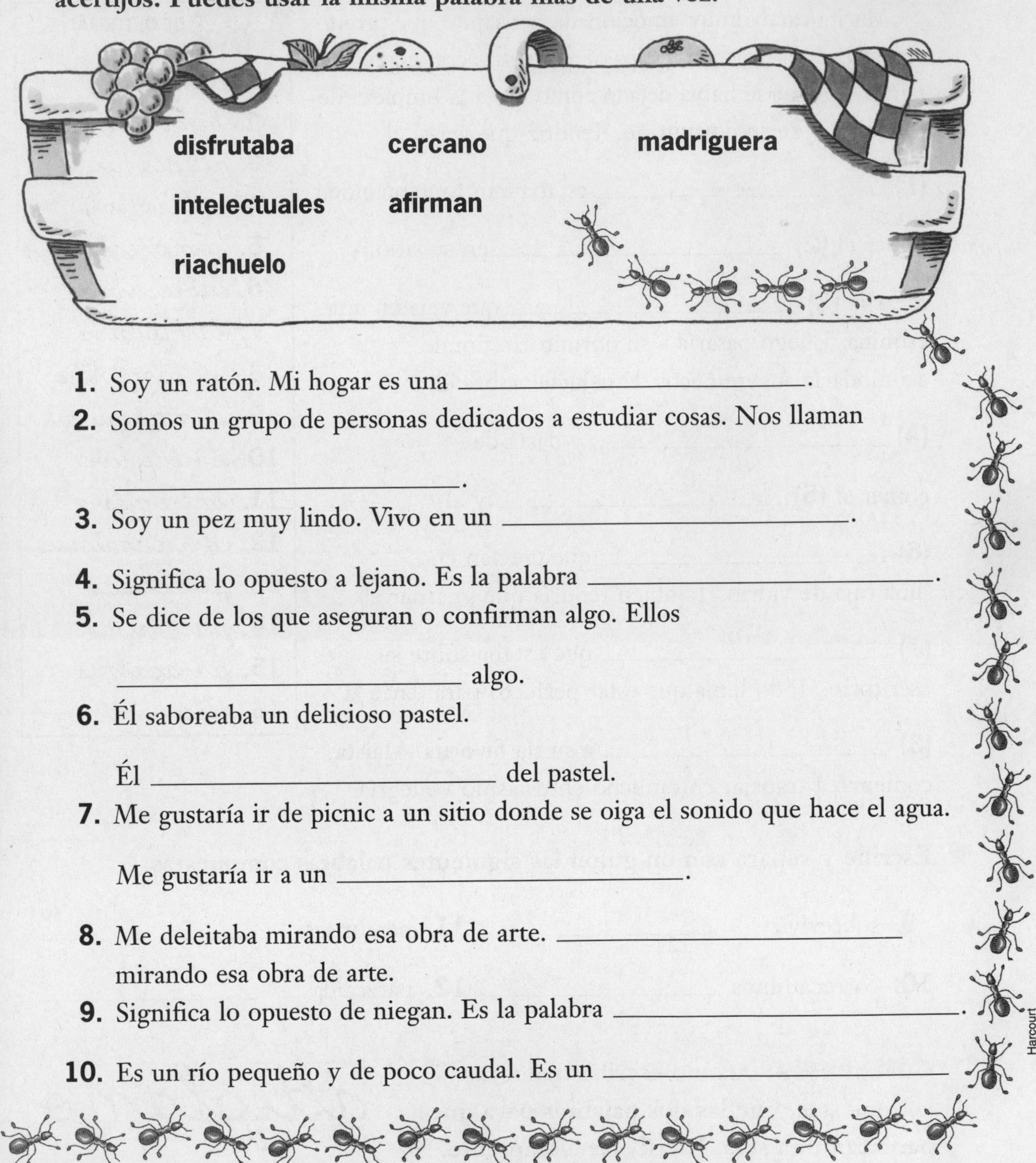

1. Soy un ratón. Mi hogar es una ______________________.

2. Somos un grupo de personas dedicados a estudiar cosas. Nos llaman

______________________.

3. Soy un pez muy lindo. Vivo en un ______________________.

4. Significa lo opuesto a lejano. Es la palabra ______________________.

5. Se dice de los que aseguran o confirman algo. Ellos

______________________ algo.

6. Él saboreaba un delicioso pastel.

Él ______________________ del pastel.

7. Me gustaría ir de picnic a un sitio donde se oiga el sonido que hace el agua.

Me gustaría ir a un ______________________.

8. Me deleitaba mirando esa obra de arte. ______________________ mirando esa obra de arte.

9. Significa lo opuesto de niegan. Es la palabra ______________________.

10. Es un río pequeño y de poco caudal. Es un ______________________

Imagina que conoces a Tucker y a Chester. Escribe lo que les dirías o les preguntarías. Usa por lo menos tres palabras del vocabulario.

Nombre ______________________________

Recordatorio de la destreza **compara = di como dos cosas se parecen; contrasta = di como se diferencian**

▶ **Lee el párrafo. Completa el diagrama de Venn para comparar y contrastar las pinturas.**

En el museo de arte, Brad vio dos pinturas de la ciudad de Nueva York. Ambas eran escenas de Times Square, pero *Invierno en la ciudad* mostraba la nieve cayendo. Las personas que caminaban en las aceras se veían inclinadas por el viento. Estaba oscureciendo y un quiosco de periódicos cerca de la esquina estaba cerrado. A Brad le gustaba más *Verano.* También mostraba personas en las aceras, pero el sol del mediodía brillaba bastante. El mismo quiosco de periódicos estaba ahora abierto. Las dos pinturas eran muy distintas, pero ambas hacían que Brad sintiera la energía de la ciudad.

Invierno en la ciudad

1. ______________________________

2. ______________________________

3. ______________________________

Ambas pinturas

4. ______________________________

5. ______________________________

6. ______________________________

Verano

7. ______________________________

8. ______________________________

9. ______________________________

INTÉNTALO Mira las ilustraciones en una historia que hayas leído. Escoge dos que se parezcan un poco. Haz un diagrama de Venn para comparar y contrastar las dos.

Nombre ____________________

Un grillo en Times Square

Resumir

▶ **Mientras lees, comienza a completar la red de predicciones. Cuando termines de leer, escribe lo que en realidad sucedió.**

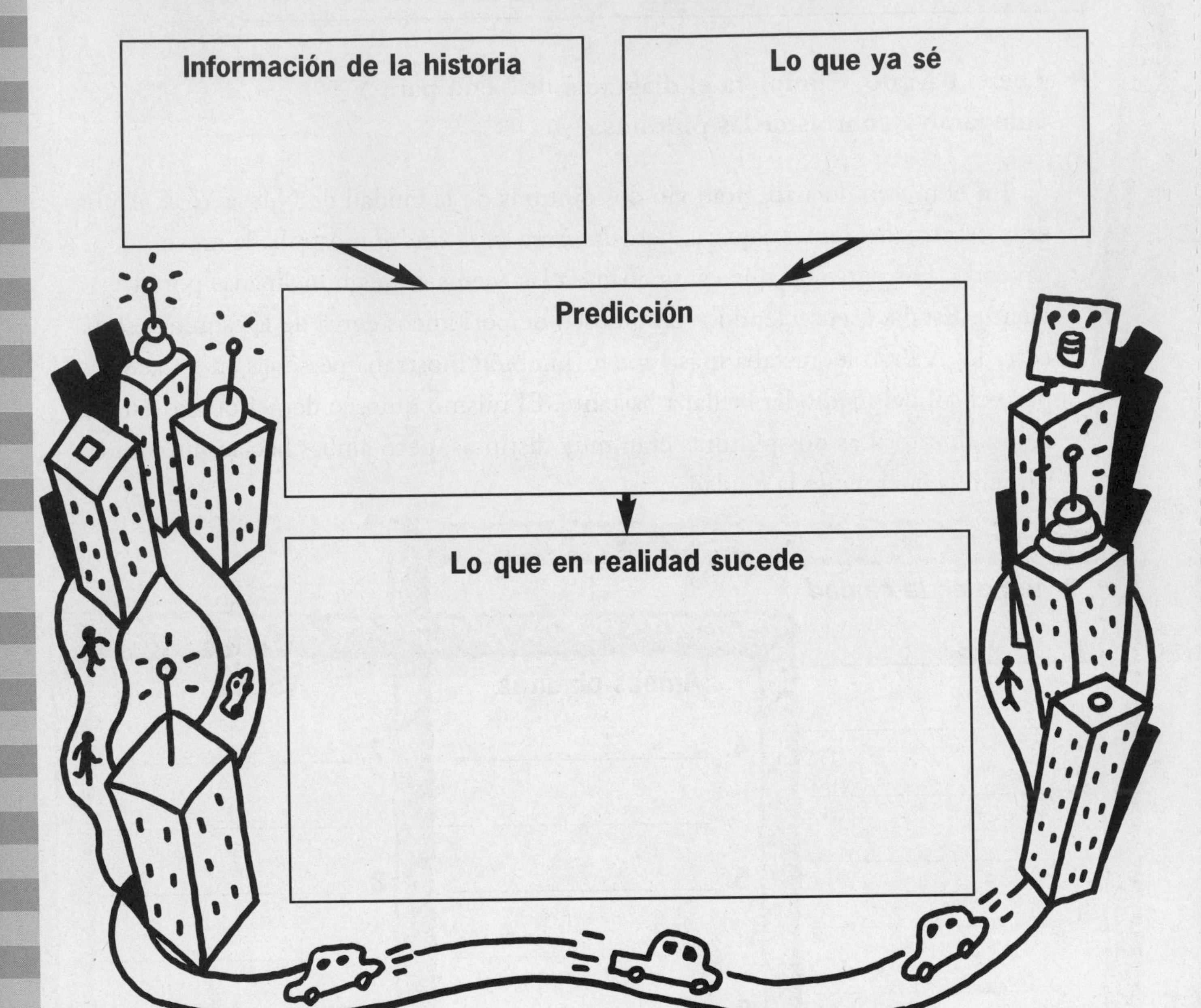

▶ **Describe como Times Square es diferente al hogar de Chester en Connecticut.**

____

____

____

Nombre ____

Un grillo en Times Square

Secuencia

▶ **Lee la siguiente entrada en el diario de Susana. Busca palabras relacionadas con el tiempo-orden de eventos o frases que te puedan ayudar a saber el orden de los eventos. Encierra en un círculo cada palabra o frase que esté relacionada con el tiempo-orden de eventos. Luego responde a las preguntas.**

¡Es increíble lo apasionante que es Nueva York! Primero, nuestro avión aterrizó. Inmediatamente después, tomamos un taxi al hotel. Luego, desempacamos nuestras maletas y salimos a explorar. Para comenzar, sólo caminamos por Broadway. Nos sentimos abrumados por la cantidad de personas y de coches. Después, almorzamos. En seguida, caminamos hacia la Quinta Avenida para mirar las vitrinas de las tiendas. Luego caminamos hasta Central Park. Después de llegar allí, compramos helados. Más tarde, regresamos al hotel a descansar. En la noche, cenamos en el hotel. Finalmente, fuimos a ver una obra musical en Broadway. ¡Un final espectacular para un día maravilloso!

1. ¿Adónde fue Susana después de llegar al aeropuerto? ____________

____

2. ¿Qué es lo que ella hizo antes de salir a explorar la ciudad? ____________

____

3. ¿Por dónde caminó Susana al comienzo? ____________

____

4. ¿Adónde fue Susana después de mirar las vitrinas de las tiendas? ____________

____

5. ¿Qué fue lo que hizo Susana justo antes de ir al teatro? ____________

____

INTÉNTALO

Escribe acerca de un lugar que te gustaría visitar y haz una lista de los acontecimientos del día.

Nombre ____________________

▶ **Lee los siguientes párrafos. Luego escoge la mejor respuesta para cada pregunta. Marca la letra que corresponda a la respuesta.**

El viaje de Ahmed de Texas a Nueva York fue largo. Primero, él manejó al aeropuerto de Houston. Luego, tomó el avión. El avión aterrizó en Love Field, cerca del centro de Dallas. Después, tomó un ómnibus al aeropuerto de Dallas. De allí, tomó un vuelo a Nueva York.

Cuando el avión estaba volando, Ahmed almorzó. Dos horas después, el avión aterrizó. Finalmente, Ahmed llegó a Nueva York.

1 Primero, Ahmed ______.

A voló a Houston
B manejó a Dallas
C manejó al aeropuerto de Houston
D tomó un taxi al aeropuerto

2 Luego, Ahmed ______.

F tomó un avión
G tomó un ómnibus
H voló al aeropuerto de Dallas
J aterrizó en Nueva York

3 Después de que el avión saliera de Houston ______.

A Ahmed tomó desayuno
B el avión voló en una tormenta
C el avión regresó a Houston
D el avión aterrizó en Love Field

4 En el aeropuerto de Dallas, Ahmed ______.

F tomó un taxi
G un avión a Nueva York
H tomó un ómnibus
J manejó de regreso a casa

5 ¿Qué pasó después?

A Ahmed almorzó
B Ahmed vio una película
C Ahmed sintió que el avión comenzaba a aterrizar
D Ahmed aterrizó en Nueva York

6 ¿Qué pasó al final?

F Ahmed aterrizó en Houston
G Ahmed llegó a Nueva York
H Ahmed salió de Houston
J Ahmed aterrizó en el aeropuerto de Dallas

Answers

1 Ⓐ Ⓑ Ⓒ Ⓓ   4 Ⓕ Ⓖ Ⓗ Ⓙ
2 Ⓕ Ⓖ Ⓗ Ⓙ   5 Ⓐ Ⓑ Ⓒ Ⓓ
3 Ⓐ Ⓑ Ⓒ Ⓓ   6 Ⓕ Ⓖ Ⓗ Ⓙ

Nombre ______________________

Un grillo en Times Square

Gramática: La concordancia entre el sustantivo y el adjetivo

▶ **Completa las siguientes oraciones con un adjetivo que vaya con el sustantivo. Entre paréntesis hay opciones, una de las cuales es la correcta. Vuelve a escribir la oración completa.**

1. El ratón Tucker era muy _____. **(buenos, bueno)**

   ____

2. La casa _____ **(blanca, blanco)** pertenece a la Señora Gloria.

   ____

3. El niño _____ **(desobedientes, desobediente)** no recibió ningún premio.

   ____

4. Patricia es muy _____ **(inteligenta, inteligente)**.

   ____

5. El árbol _____ **(grande, grandes)** será adornado con flores.

   ____

6. Nueva York es una ciudad muy _____ **(bella, bello)**.

   ____

7. Llevarán al perro _____ **(rabiosa, rabioso)** al veterinario.

   ____

   ____

8. El vestido _____ **(verdes, verde)** de Marisa me gusta mucho.

   ____

   ____

INTÉNTALO Con un compañero de clase escribe un párrafo que describa tu vecindario. Usa por lo menos tres sustantivos y adjetivos que concuerden.

Nombre ___________________________________

▶ **Lee las definiciones. Escribe la palabra de ortografía que corresponde a cada definición.**

1. Ave que no duerme de noche. _______________

2. Lo contrario de limpio. _______________

3. Parte de la cabeza de animales, donde se encuentra la boca y la nariz. _______________

4. Solo, aislado, sin gente alrededor. _______________

5. Fruta pequeña, redonda y roja. _______________

6. Mamífero parecido al ciervo. _______________

7. Piel de la cara. _______________

8. Deslizarse con esquís sobre la nieve o sobre el agua. _______________

9. Terreno visto desde un lugar. Pintura o dibujo que lo representa. _______________

10. Máquina que sirve para comprimir. También puede significar imprenta. _______________

11. Ocupación o actividad con la que se espera obtener un beneficion económico. _______________

12. Rincón, ángulo en el que se juntan dos lados de algo. _______________

DE ORTOGRAFÍA

1. esquina
2. esquiar
3. mezquite
4. negocio
5. alce
6. lechuza
7. tez
8. sucio
9. hocico
10. sierras
11. zacate
12. cereza
13. paisaje
14. prensa
15. solitario
16. centavo

Caligrafía: Cuando escribas, asegúrate de que el espacio que dejas entre letras sea similar y que el espacio entre palabras sea más o menos del grosor de un lápiz. Practica con las siguientes palabras de ortografía.

la madriguera del ratón

13. mezquite _______________ **15.** zacate _______________

14. sierras _______________ **16.** centavo _______________

Nombre ______________________________

▶ **Escoge una palabra de la caja para completar cada oración.**

caparazón desperdicios olfatear guarida obstáculo depredadores

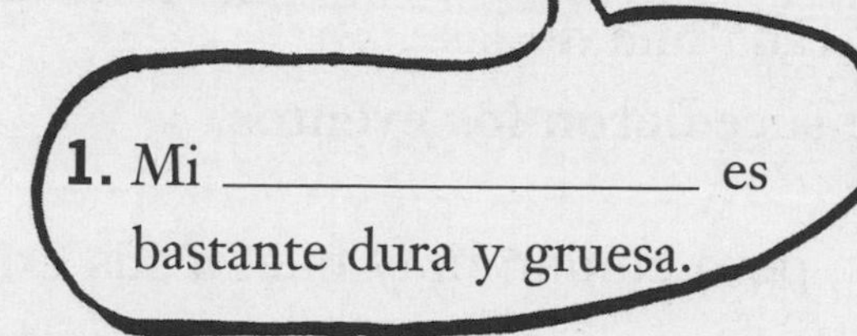

1. Mi ______________ es bastante dura y gruesa.

4. Me escondo en mi ______________ si veo venir a algún perro o coyote.

2. Yo me alimento de ______________!

5. Cuando veo un ______________ en mi camino trato de esquivarlo.

3. Me gusta ______________ todos los días en busca de alimentos.

6. Tengo que huir de mis ______________!

▶ **Escoge las palabras de la caja superior que signifiquen *lo mismo* que las siguientes palabras.**

7. oler ______________

9. impedimento ______________

8. madriguera ______________

10. basura ______________

INTÉNTALO Escoge un animal que te gusta bastante y que quisieras ser por un día. Describe ese día usando por lo menos dos palabras del vocabulario.

Nombre ____________________________________

El asombroso armadillo

Secuencia

Ciencias

Recordatorio de la destreza **Busca palabras de tiempo-orden para encontrar claves sobre el orden en que sucedieron los eventos.**

▶ **Lee el siguiente párrafo. Luego completa cada una de las oraciones para establecer el orden en que sucedieron los eventos.**

Los cocodrilos pueden parecer feroces, pero cuidan muy bien a sus crías. El cocodrilo hembra comienza su maternidad enterrando sus huevos en las orillas del río, en un lugar suave y arenoso. Luego, los cuida por tres meses para que otros animales no los molesten. Cuando llega el momento para salir del cascarón, las crías llaman a la mamá. Ella escucha sus llamados y desentierra los huevos. Luego rompe los casarones con su boca. Después de que todas las crías hayan salido de los cascarones, la madre los lleva en su boca hasta el agua llana. Entonces deja a sus pequeños moverse por sí mismos. Vivirán en este sitio seguro por varias semanas con su mamá cerca. Finalmente serán capaces de cuidarse por sí solos. Vivirán aproximadamente setenta años.

Lo primero que una mamá cocodrilo hace para cuidar a sus huevos

es **(1)** ____________________________________. Luego,

los **(2)** ____________________________________. Ella desentierra

los huevos cuando **(3)** ____________________________________,

y ella **(4)** ____________________________________. En cuanto

todas las crías hayan salido de los cascarones, ella

(5) ____________________________________. Entonces

ella **(6)** ____________________________________. Por varias semanas

los pequeños **(7)** ____________________________________. Finalmente

los pequeños cocodrilos **(8)** ____________________________________.

LA ESCUELA Y LA CASA Con su niño hable de alguna excursión a algún sitio interesante que hayan hecho últimamente. Ayúdelo a usar palabras de tiempo-orden de los eventos para hacer una lista en el orden en el que los sucesos ocurrieron.

Nombre ______________________________

▶ **Completa las primeras dos columnas de la tabla S-Q-A. Luego usa información de la historia para completar la tercera columna.**

S	Q	A
Lo que <u>s</u>é	Lo que <u>q</u>uiero saber	Lo que <u>a</u>prendí

▶ **Escribe un párrafo describiendo la forma como un armadillo se defiende del ataque de otro animal, por ejemplo de un perro.**

____

____

____

Nombre ___________________________

▶ **Lee los párrafos y las preguntas de ésta página y de la siguiente. Luego usa las estrategias de la caja para contestar cada pregunta.**

Allí mismo	**Piensa e investiga**	**Por mi cuenta**
(en el texto)	(deducido del texto)	(conocimiento previo o investigación)

¿Puedes adivinar qué animal puede cubrir la distancia de una camioneta de sólo un salto? Es el canguro. Los canguros, que son marsupiales, usan sus fuertes colas para balancearse cuando saltan. Cuando aterrizan, sus colas los ayudan a pararse. Los canguros generalmente se movilizan con pequeños saltos. El salto promedio es de aproximadamente seis pies. Los canguros pueden también gatear. Cuando pastan, ellos gatean torpemente con sus cuatro patas.

¿De qué formas se movilizan los canguros?

1. Estrategia: ___________________________

2. Respuesta: ___________________________

____

¿Por qué podría ser difícil para un canguro saltar si no tuviera cola?

3. Estrategia: ___________________________

4. Respuesta: ___________________________

____

¿Qué es un marsupial?

5. Estrategia: ___________________________

6. Respuesta: ___________________________

____

SIGUE

Nombre ____

A un bebé canguro se le llama cría del canguro. Cuando una cría nace, no puede sobrevivir fuera de la bolsa de su madre. No es mucho más grande que tu uña del dedo pulgar. No tiene pelo ni tampoco puede ver, pero sus patas posteriores ya son fuertes. Al poco tiempo de nacer, comienza a gatear en dirección a la bolsa materna. La cría hace el viaje de 6 pulgadas a la bolsa en tres minutos aproximadamente. Cuando alcanza la bolsa comienza a tomar leche. La bolsa será el hogar de la cría por unos seis meses.

¿Por qué una cría de canguro recién nacida necesita tener patas posteriores fuertes?

1. Estrategia: ___________________________________

2. Respuesta: ___________________________________

____

Los canguros tienen diferentes tamaños. El canguro rojo puede crecer hasta seis pies, pero el canguro almizcleño es sólo del tamaño de un conejo. Hay más de 45 tipos diferentes de canguros.

¿Qué tipo de canguro es el más pequeño?

3. Estrategia: ___________________________________

4. Respuesta: ___________________________________

____

¿Qué tipo de canguro es el más grande?

5. Estrategia: ___________________________________

6. Respuesta: ___________________________________

____

INTÉNTALO Piensa en algún animal que te interese. Luego escribe preguntas acerca de ese animal. Haz una lista de sitios donde se puede encontrar información acerca de ese animal.

Nombre ______________________________

▶ **Usa una o más de las estrategias para tomar pruebas que aparecen en la caja. Luego escribe la letra que corresponde a la estrategia que usaste para contestar cada pregunta.**

A. Busca y usa palabras claves.	**C. Revisa de nuevo el párrafo.**
B. Elimina respuestas equivocadas o sin sentido.	**D. Usa palabras que señalen *quién* o *dónde*.**

Imagina que vives parte de tu vida en el agua y parte en la tierra. Las focas, leones marinos y morsas hacen eso. Son *pinípedos*, lo cual quiere decir que tienen aletas en lugar de patas. Los pinípedos son nadadores expertos y elegantes, pero se ven torpes cuando andan por la tierra, usando sus aletas como patas. Cuando están en el océano tienen que subir cada cierto tiempo a la superficie para respirar, ya que son mamíferos que respiran aire.

¿Dónde viven las focas, leones marinos y morsas?

1. Respuesta: ______________________________

en la tierra **tanto en la tierra como en el agua** **en el aire**

2. Estrategias usadas: ______________________________

¿Qué significa *pinípedos*?

3. Respuesta: ______________________________

focas **que tienen aletas en lugar de patas** **sin aletas**

4. Estrategias usadas: ______________________________

¿Por qué los pinípedos caminan torpemente?

5. Respuesta: ______________________________

no pueden caminar **ellos usan aletas** **son peces**

6. Estrategias usadas: ______________________________

¿Por qué los pinípedos no pueden respirar dentro del agua?

7. Respuesta: ______________________________

son mamíferos **no tienen narices** **andan por la tierra**

8. Estrategias usadas: ______________________________

Nombre ______________________________

▶ **Completa las siguientes oraciones con el adjetivo demostrativo correcto que está entre paréntesis.**

1. ______________ hombre es el que te envió el ramillete de flores. **(Este, Esta)**

2. ¿Podrías pasarme ______________ libro? **(esos, ese)**

3. Me gustaría que nos mudáramos a ______________ casa. **(aquel, aquella)**

4. No me digas que te irás a trabajar a ______________ ciudad **(esa, aquel)**

5. Te daré ______________ regalo por tu cumpleaños. **(aquella, este)**

6. ¿Cómo se llama ______________ niño? **(esa, este)**

7. ______________ vestido es el que más me gusta. **(Aquel, Esa)**

8. ______________ cómico es muy gracioso. **(Esa, Ese)**

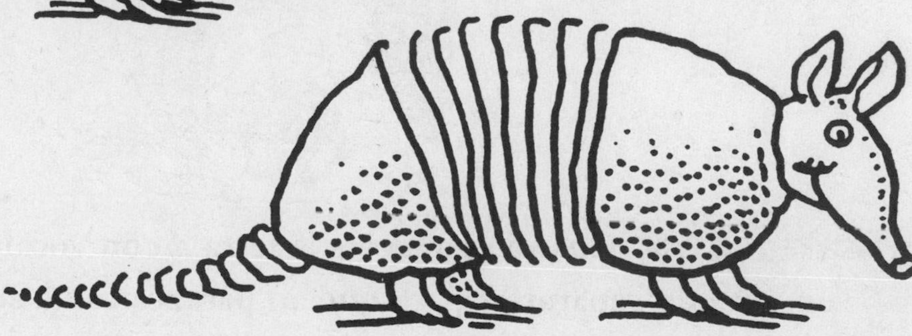

INTÉNTALO Con un compañero de clase escribe un párrafo sobre un viaje que te gustaría hacer. Usen por lo menos cuatro adjetivos demostrativos.

Nombre ______________________________

▶ **Lee las siguientes palabras de ortografía. Luego escribe al lado la palabra base que se usó para formar esa palabra. Puedes consultar el diccionario.**

1. comunidad ______________________

2. agilidad ______________________

3. posibilidad ______________________

4. curiosidad ______________________

5. habilidad ______________________

6. facilidad ______________________

7. maldad ______________________

8. felicidad ______________________

9. oportunidad ______________________

10. bondad ______________________

11. velocidad ______________________

12. oscuridad ______________________

PALABRAS DE ORTOGRAFÍA

1. *comunidad*
2. *agilidad*
3. *posibilidad*
4. *ciudad*
5. *verdad*
6. *curiosidad*
7. *habilidad*
8. *calidad*
9. *facilidad*
10. *maldad*
11. *felicidad*
12. *oportunidad*
13. *bondad*
14. *caridad*
15. *velocidad*
16. *oscuridad*

Caligrafía: Cuando conectes la letra *d* con vocales, asegúrate de separarlas para que no parezcan una sola palabra. Practica con las siguientes palabras de ortografía.

dad

13. ciudad ______________ **15.** calidad ______________

14. verdad ______________ **16.** caridad ______________

LA ESCUELA Y LA CASA Con su niño escriban un cuento corto y empleen por lo menos tres palabras que tengan el sufijo *-dad*.

Nombre ______________________________

▶ **Lee las siguientes palabras. Luego lee las palabras en cada cacto. Escribe la palabra que corresponde a cada grupo.**

hábitat repletos derriban descomponen tallo centenares

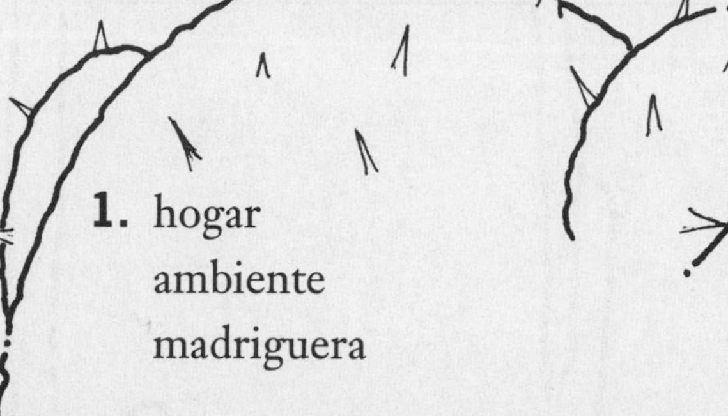

1. hogar
ambiente
madriguera

____

4. cientos
de a cien
en abundancia

____

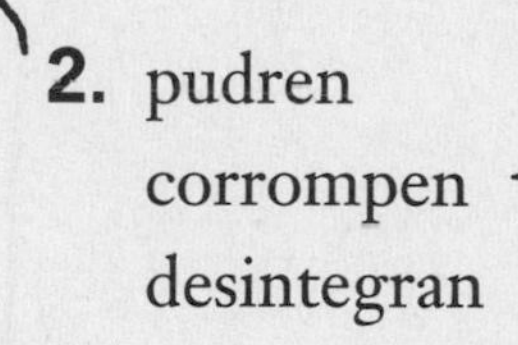

2. pudren
corrompen
desintegran

____

5. parte de una planta
tronco
brote

____

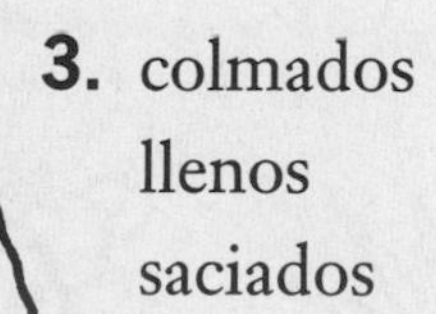

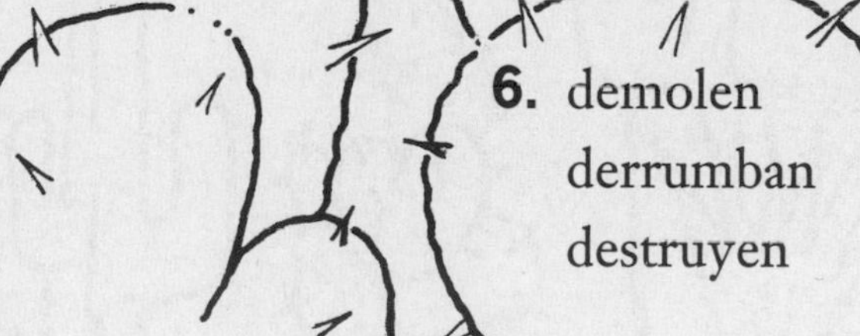

3. colmados
llenos
saciados

____

6. demolen
derrumban
destruyen

____

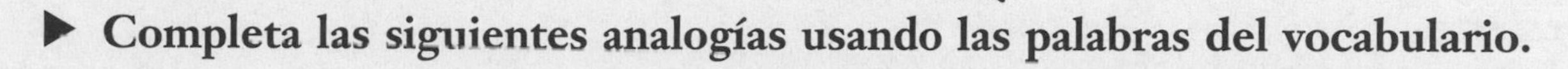

▶ **Completa las siguientes analogías usando las palabras del vocabulario.**

7. *Árbol* es a *tronco* como *planta* es a ______________________.

8. *Alto* es a *bajo* como *construyen* es a ______________________.

9. *Sigue* es a *para* como *crecen* es a ______________________.

10. *Diez* es a *cien* como *decenas* son a ______________________.

LA ESCUELA Y LA CASA Con su niño hablen acerca de plantas, flores y árboles que crezcan en la cercanía. Descríbanlos usando por lo menos dos de las palabras del vocabulario.

Nombre ______________________________

▶ **Completa las primeras dos columnas de la tabla S-Q-A. Luego usa información de la historia para completar la tercera columna.**

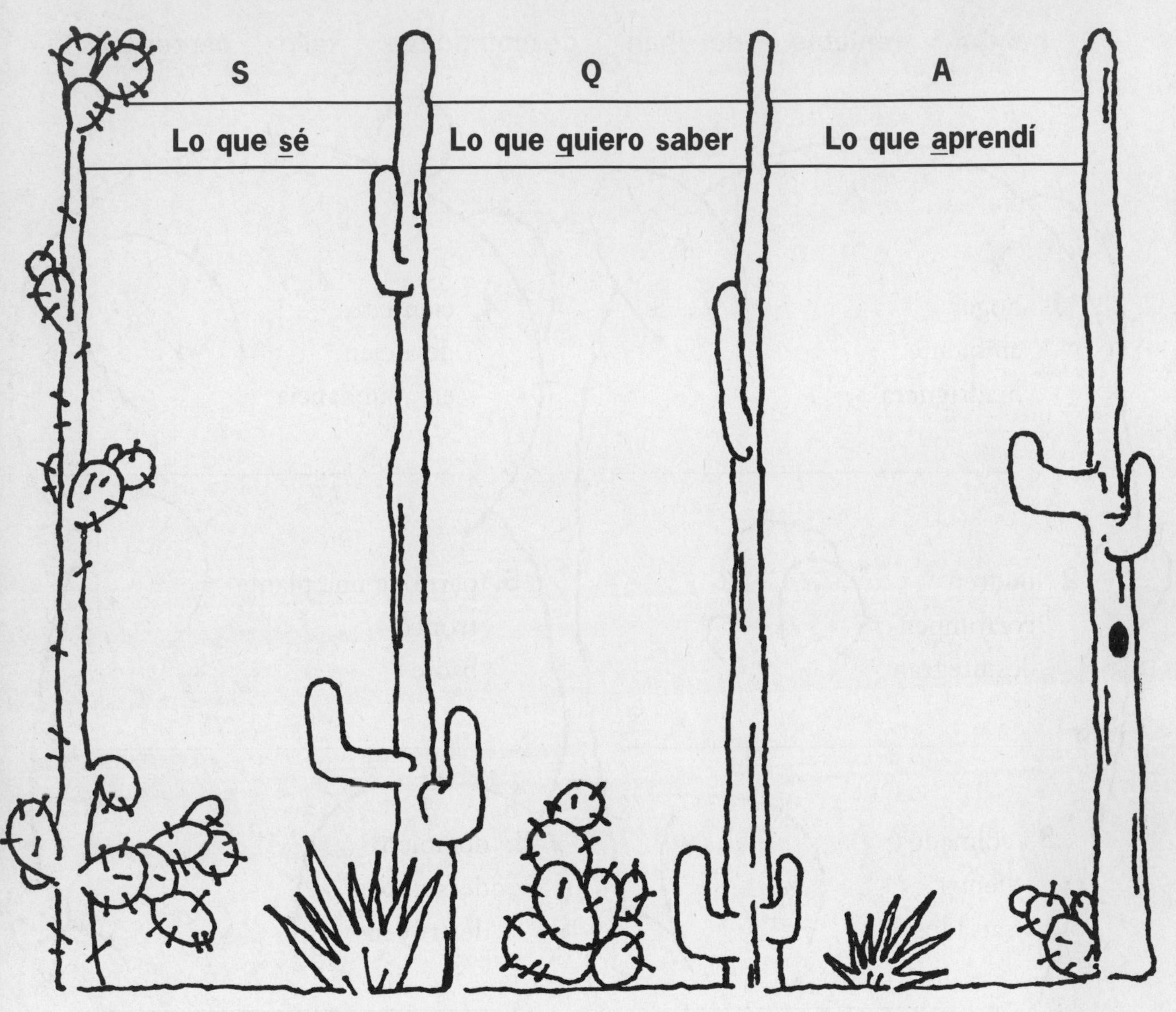

S	Q	A
Lo que sé	**Lo que quiero saber**	**Lo que aprendí**

▶ **Ennumera cinco formas en que el cacto saguaro ayuda a los animales del desierto.**

1. ______________________________
2. ______________________________
3. ______________________________
4. ______________________________
5. ______________________________

Nombre ______________________________

▶ **Lee el siguiente párrafo. Luego contesta las preguntas.**

Los desiertos no tienen que ser calientes. Sólo tienen que ser secos. Cualquier área de tierra que durante un año recibe diez pulgadas o menos de precipitación se clasifica como desierto. Algunos desiertos son muy fríos. De estos desiertos fríos, dos se encuentran en el polo Norte y en el polo Sur. Algunas partes de las regiones polares tienen bastante agua, pero está congelada durante todo el año. El agua congelada no ayuda mucho a plantas y animales. Algunas áreas de la región antártica son tan frías y tan altas que reciben muy poca precipitación. La *precipitación* es cualquier forma de agua que cae a la tierra. Lluvia, nieve, aguanieve y granizo son clases de precipitación.

1. Este párrafo es un ejemplo de ______________________________.
   - **a.** ficción
   - **b.** no ficción informativa
   - **c.** no ficción persuasiva
2. ¿Cuál es el propósito principal del párrafo? ______________________________

   ____
3. ¿El párrafo está organizado de acuerdo a la idea principal y los detalles o por la secuencia de eventos? ______________________________
4. ¿Cuál es la idea principal? ______________________________
5. ¿Cuál de los siguientes detalles apoyan la idea principal? ______________________________

   ____
   - **a.** Algunos desiertos son muy calientes.
   - **b.** Algunas partes de las regiones polares tienen bastante agua, pero está congelada durante todo el año.
   - **c.** Algunas regiones polares tienen precipitaciones.

Nombre ______________________________

▶ **Lee el siguiente párrafo. Luego escoge las palabras o frases correctas para completar cada línea.**

El sapo del desierto suramericano se ha adaptado a la vida del desierto de una manera poco común. Cuando hay lluvia en el verano, el sapo absorbe humedad a través de su piel. Luego se entierra en el barro. Allí se vuelve inactivo. Los latidos de su corazón enlentecen, y el animal se queda quieto por meses. Cuando vuelve a llover, el sapo sale de su hogar subterráneo para buscar comida. El sapo hembra pone sus huevos en un charco de lluvia. El bebé sapo rompe el cascarón y crece. Cuando el charco se seca, los bebés se entierran en el barro para esperar que vuelva a llover, al igual que lo hicieron sus padres.

Sapo del desierto suramericano

Los lectores pueden saber que este párrafo es no ficción informativa porque da

(1) ______________________________ sobre el sapo del desierto
cuentos información direcciones

suramericano pero no **(2)** ______________________________.
cuenta una historia da datos da instrucciones

El propósito principal de este párrafo es

(3) ______________________________.
dar la opinión del autor persuadir a los lectores dar información

Una pista de que este párrafo es no ficción informativa es que tiene

(4) ______________________________ en él.
un encabezamiento un diagrama una figura y una leyenda

Este párrafo está organizado por

(5) ______________________________.
idea principal y detalles secuencia de eventos dar direcciones

INTÉNTALO

Busca un artículo en un libro de ciencias. Ennumera las claves que te llevan a pensar que es un artículo de no ficción informativa. Explica si está organizado de acuerdo a la idea principal y detalles o a la secuencia de eventos.

Nombre ______________________________

▶ **Lee las siguientes palabras y sus definiciones. Luego úsalas para completar las oraciones.**

Diccionario del desierto

desierto extensión amplia de terreno que se caracteriza por la escasez de lluvia, de vegetación y de fauna

presa animal cazado o pescado

hábitat área geográfica en la que viven especies animales o vegetales

flora conjunto de plantas de una zona geográfica

fauna conjunto de animales que viven en un lugar determinado

ecosistema sistema biológico formado por una comunidad de seres vivos y el medio ambiente en el que se desarrollan

1. Todas las especies son muy importante para el ______________ del planeta.

2. La ______________ en las montañas es muy bonita y colorida.

3. El ______________ de Sonora está situado en el suroeste de los Estados Unidos.

4. El gusano fue ______________ fácil para el armadillo.

5. El ______________ de los cactos es el desierto.

6. La ______________ africana incluye a los elefantes y a las jirafas.

7. Me encantaría visitar un ______________ conocido.

8. No quisiera alterar el ______________ de la selva.

▶ **Lee las siguientes oraciones. Luego sustituye las palabras subrayadas por uno de los pronombres demostrativos que está entre paréntesis. Vuelve a escribir la oración usando el pronombre.**

1. Ese libro pertenece a mi prima Silvia. **(Ése, Esos)**

   ____

   ____

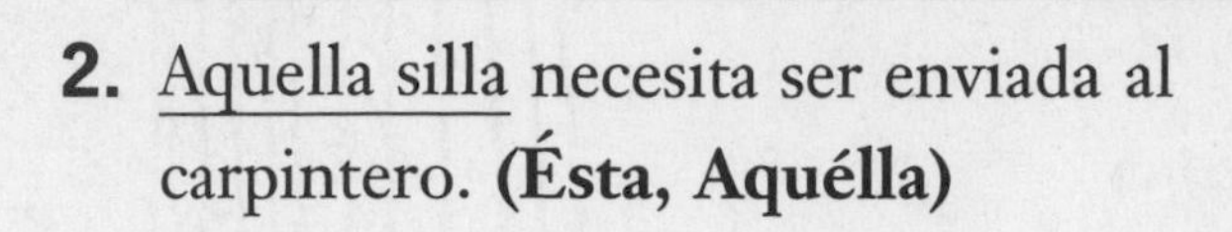

2. Aquella silla necesita ser enviada al carpintero. **(Ésta, Aquélla)**

   ____

   ____

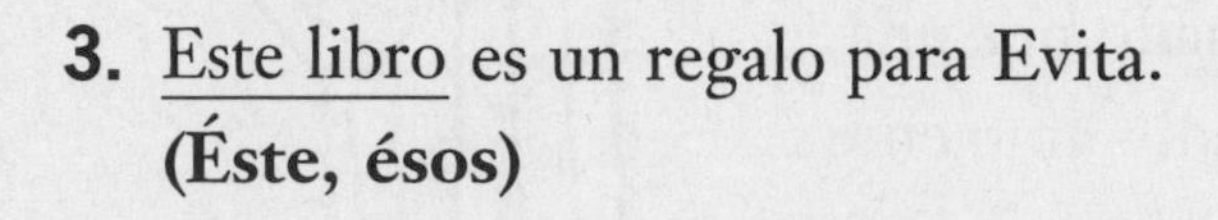

3. Este libro es un regalo para Evita. **(Éste, ésos)**

   ____

   ____

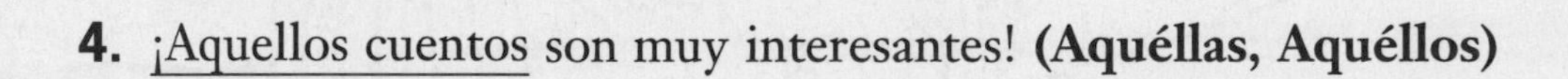

4. ¡Aquellos cuentos son muy interesantes! **(Aquéllas, Aquéllos)**

   ____

5. Esas chicas vinieron juntas y temprano a la fiesta. **(Ésa, Ésas)**

   ____

6. Esos animalitos pertenecen a Juan. **(Ése, Ésos)**

   ____

7. Ese pollo es para el almuerzo de hoy día. **(Ése, Ésos)**

   ____

8. Esa chica es mi hermana menor. **(Ésta, Ésa)**

   ____

LA ESCUELA Y LA CASA Con su niño hagan por lo menos cinco oraciones usando pronombres demostrativos para señalar la situación de un sustantivo.

Nombre ______________________________

▶ **Las letras de las palabras de ortografía subrayadas están mezcladas. Escribe correctamente las palabras en las líneas.**

PALABRAS DE ORTOGRAFÍA

1. *centímetro*
2. *gramo*
3. *peso*
4. *medida*
5. *libra*
6. *millas*
7. *tonelada*
8. *metro*
9. *milímetro*
10. *pulgada*
11. *yarda*
12. *galón*
13. *regla*
14. *báscula*
15. *litro*
16. *onza*

1. No quiero comer ni un mgroa de chocolate. ______________
2. Quisiera saber el sepo de este paquete. ______________
3. La brlia de mantequilla cuesta un dólar. ______________
4. ¿Cuántas llimsa corres diariamente? ______________
5. Necesito comprarme un trmeo de tela para hacerme esa blusa. ______________
6. Carlitos ha crecido una dplauag más. ______________
7. Gracias por la dyraa de blonda que me regalaste. ______________
8. No te olvides de añadir una zaon de chocolate a tu receta. ______________

▶ **Escribe la palabra de ortografía que nombra cada figura.**

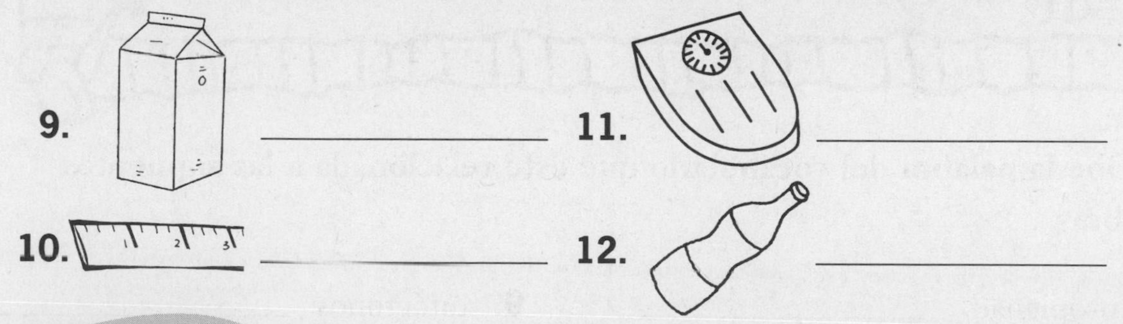

9. ______________
11. ______________
10. ______________
12. ______________

Caligrafía: **Trata de escribir todas tus letras del mismo tamaño y que las palabras, aunque sean largas, puedan leerse claramente. Practica con las siguientes palabras de ortografía.**

13. centímetro ______________
15. tonelada ______________
14. medida ______________
16. milímetro ______________

Nombre ______________________________

▶ **Lee las palabras que están en el rectángulo. Luego escoge la palabra que corresponda a cada una de las siguientes definiciones.**

comerciante	**ambulantes**	**vanguardia**
espontáneamente	**patrimonio**	**indígenas**

1. originarios del país _ _ _ _ _ _ _ _ _
2. bien común de una colectividad _ _ _ _ _ _ _ _ _ _
3. hacer algo de manera voluntaria y sin premeditación _ _ _ _ _ _ _ _ _ _ _ _ _ _ _
4. más avanzado, delante de _ _ _ _ _ _ _ _ _ _
5. que van de un lugar a otro _ _ _ _ _ _ _ _ _ _
6. persona que se dedica a comprar y vender _ _ _ _ _ _ _ _ _ _ _

▶ **Escribe la palabra del vocabulario que esté relacionada a las siguientes palabras.**

7. propiedad ________________
8. negociante ________________
9. autóctonos ________________
10. moderno ________________

INTÉNTALO

De una manera breve describe el paisaje que te gustaría fotografiar si fueras un fotógrafo de profesión. Usa por lo menos una palabra del vocabulario.

Nombre ______________________________

▶ **Antes de leer, completa las dos primeras columnas de la Tabla EP3R. Completa la tercera columna durante y después de la lectura.**

Encuesta	Pregunta	Releer, recitar, repasar
página 348		
página 350		
página 352		
página 354		

▶ **Escribe un resumen de la lectura en una oración.**

____

____

Nombre ____________________

▶ **Lee cada párrafo. Luego escribe las respuestas en las líneas.**

Los yoyos no sólo son juguetes populares sino también artículos para coleccionar. En los Estados Unidos, la gente ha estado jugando con yoyos desde 1929. Niños y adultos han aprendido a hacer trucos con los yoyos. Con frecuencia los coleccionistas pagan dinero por yoyos de madera antiguos o por modelos especiales que silban o brillan en la oscuridad.

1. ¿Cuál es la idea principal? ____________________

____

Ennumera tres detalles que apoyen la idea principal.

2. ____________________

3. ____________________

4. ____________________

El juego de baloncesto se desarrolló con el transcurso de los años. En 1891 las canastas que se usaban como metas eran en realidad canastas para melocotones. Cuando una pelota caía en una canasta, alguien tenía que treparse y bajar la pelota. Finalmente, los jugadores comenzaron a usar canastas sin fondo.

5. ¿Cuál es la idea principal? ____________________

Enumera dos detalles que apoyen la idea principal.

6. ____________________

7. ____________________

INTÉNTALO Escribe un párrafo sobre un juguete o un juego que te guste. Escribe la idea principal y tres o cuatro detalles que la apoyen.

Nombre ____________________

▶ **Lee los siguientes párrafos. Luego lee cada pregunta y escoge la mejor respuesta. Marca la letra que corresponda.**

Hace más de cien años surgieron los huéspedes de ranchos. Visitantes del este querían experimentar la vida en un rancho, así que viajaban al oeste y pagaban dinero para alojarse en uno. En 1904 la familia Easton cobraba $10 a la semana por alojarse y trabajar en su rancho.

Hoy en día los ranchos que aceptan huéspedes son sitios populares de vacaciones, pero ¡los huéspedes no trabajan! Pueden montar a caballo o ir en balsa por el río. Pueden aprender a tirar un lazo o a bailar. Tener huéspedes es una manera para los dueños de ganar dinero y para los visitantes de divertirse.

1 ¿Qué oración contiene la idea principal?

Ⓐ Los huéspedes de ranchos surgieron desde hace más de cien años.

Ⓑ Los vaqueros llaman a estos visitantes "huéspedes".

Ⓒ Tener huéspedes es una manera para los dueños de ganar dinero y para los visitantes de divertirse.

Ⓓ Pueden montar a caballo o ir en balsa por el río.

2 ¿Cuál de estos detalles apoya la idea principal?

Ⓕ Los huéspedes de ranchos surgieron desde hace más de cien años.

Ⓖ Los ranchos que aceptan huéspedes son sitios populares de vacaciones.

Ⓗ Los huéspedes no saben mucho acerca de los ranchos.

Ⓙ Los huéspedes deben de aprender a montar a caballo.

3 ¿Cuál de estos detalles apoya la idea principal?

Ⓐ Los huéspedes pueden montar a caballo.

Ⓑ Los vaqueros enseñan a los "huéspedes" a reunir al ganado.

Ⓒ Nadie tenía un rancho que aceptara "huéspedes" antes de 1882.

Ⓓ Los visitantes pagaban para quedarse en un rancho.

4 ¿Qué detalle *no* apoya la idea principal?

Ⓕ Los vaqueros les cobraban a los visitantes.

Ⓖ Tener huéspedes de ranchos es una actividad todavía popular.

Ⓗ Las familias se divierten en los ranchos que aceptan huéspedes.

Ⓙ A todos les gusta ir en balsa.

Nombre ______________________________

▶ **Lee las instrucciones para hacer un animal de hilo. Luego responde a las preguntas.**

Materiales:

papel para dibujar
lápiz

papel de cera desechable
4 clips

taza de pegamento
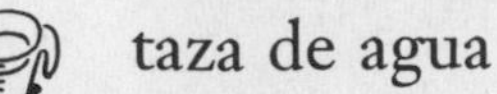
taza de agua
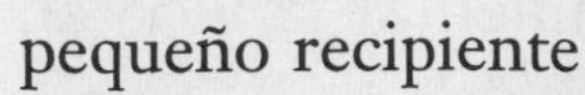
pequeño recipiente
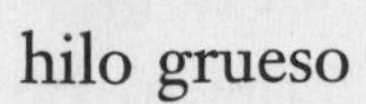
hilo grueso

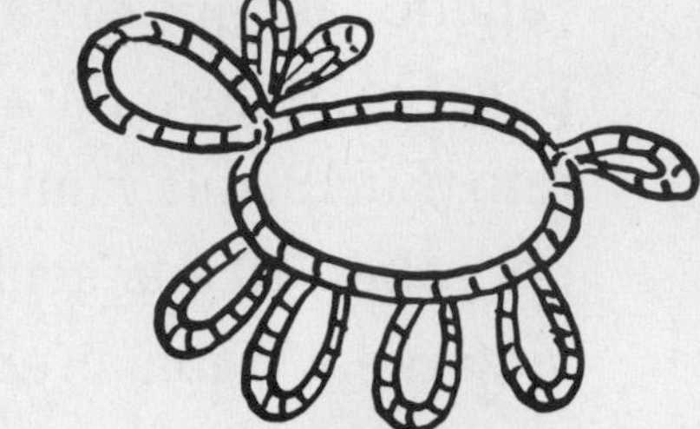

Instrucciones:

Dibuja en un papel el contorno de un animal de manera que todas las líneas se toquen entre sí.

Cubre el dibujo con papel de cera. Usa los clips para juntar los dos papeles.

Mezcla el pegamento y el agua en un recipiente desechable.

Corta un pedazo de hilo y remójalo en el pegamento. Levanta el hilo y estrújalo para que no gotee.

Coloca el pedazo de hilo sobre el contorno del dibujo.

Corta y remoja otros pedazos de hilo, y añádelos al diseño. Superpón los pedazos de hilo para que se peguen uno al otro.

Deja que el diseño de hilo se seque toda la noche. Luego despégalo del papel de cera.

1. ¿Qué deberás hacer primero, cortar el hilo o remojarlo en pegamento?

____

2. ¿Qué deberás hacer con el hilo remojado antes de ponerlo sobre el dibujo?

____

3. ¿Qué puede pasar si no superpones los pedazos de hilo?

____

4. ¿Cuánto tiempo debes dejar que se seque tu animal de hilo?

____

5. ¿Cuál es la última etapa? ______________________________

6. ¿Qué podría pasar si no sigues las instrucciones en orden?

____

LA ESCUELA Y LA CASA Pida a su niño que escriba instrucciones para un juego en el que participen dos personas. Luego sigan las instrucciones del juego.

Nombre ______________________________

▶ **Lee las siguientes oraciones y también lee los adjetivos que están entre paréntesis. Escoge el apropiado. Escribe de nuevo la oración completa.**

1. Flor es una __________ fotógrafa. **(gran/buen)**

____

2. ¿Cuál fue el __________ libro que Flor publicó? **(buena, primer)**

____

3. Necesito __________ papeles y lápices para mis alumnos. **(ciento, cien)**

____

4. El mes pasado hizo muy __________ tiempo en Canadá. **(mal, malo)**

____

5. Marta y su familia están en el __________ piso del hotel. **(tercero, tercer)**

____

6. Cumplimos el __________ año de vivir aquí. **(primer, primero)**

____

7. ¿Tienes __________ amiga en tu salón? **(algún, alguna)**

____

8. ¡Qué __________ deportista que es Alberto! **(grande, gran)**

____

INTÉNTALO

Con un compañero escriban por lo menos tres oraciones usando adjetivos que tengan formas cortas. Túrnense leyendo las oraciones con el adjetivo antes del sustantivo y el adjetivo después del sustantivo. Pregúntense si la ubicación del adjetivo cambia en algo el significado de la oración.

Nombre ______________________

▶ **Completa las oraciones con una palabra de ortografía.**

PALABRAS DE ORTOGRAFÍA

1. quizás
2. león
3. aquél
4. acá
5. aquí
6. notó
7. adivinó
8. región
9. cortó
10. sintió
11. raspó
12. interés
13. camarón
14. formación
15. bebé
16. puntapié

1. El ______________ es un animal que vive en el agua, tiene cinco pares de patas y antenas largas.

2. Mi mamá acaba de ver al ______________ que nació ayer.

3. Mario le dio un ______________ a su hermano, y por eso su mamá lo castigó.

4. El ______________ es un animal que me inspira temor.

5. Aníbal se cayó de la bicicleta y se ______________ la rodilla

6. Mis tíos viven en la ______________ norte del país.

7. Tessa ______________ que hoy veníamos de visita.

▶ **Escribe la palabra de ortografía que significa lo mismo que las siguientes palabras.**

8. tal vez; puede ser ______________

9. advirtió; percibió ______________

10. separó; dividió ______________

11. deseo; atención ______________

12. adiestramiento; educación ______________

Caligrafía: Cuando escribas palabras con acentos, ten cuidado de que el acento se vea claramente y que no esté muy pegado a la letra. Practica con las siguientes palabras de ortografía.

canté

13. aquél ______________ **15.** aquí ______________

14. acá ______________ **16.** sintió ______________

Nombre ____

▶ **Resuelve el crucigrama usando las palabras del vocabulario.**

intemperie	**administra**	**coartada**
textura	**vecindario**	**confundida**

1. conjunto de personas que viven en una misma área
2. manera cómo se ven y se sienten las cosas al tocarlas
3. quien maneja algún negocio, tienda, etc.
4. prueba con la que un acusado demuestra no haber estado presente en el lugar donde se cometió un delito
5. algo que está afuera y al descubierto
6. no tener idea clara respecto a algo

▶ **Escoge de las palabras del vocabulario las que signifiquen *lo mismo* que las siguientes palabras.**

7. desorientada ______________________

8. afuera ______________________

9. escapatoria ______________________

10. dirige ______________________

Acuérdate de alguna vez en que hayas perdido algo. Describe lo que pasó usando por lo menos dos palabras del vocabulario.

Nombre ______________________

Recordatorio de la destreza **idea principal = idea central de la lectura** **detalles = información acerca de la idea principal**

▶ **Lee los siguientes párrafos. Luego contesta las preguntas.**

Cuando Abraham Lincoln era niño, las escuelas en la frontera de Kentucky eran muy básicas. Cualquiera que pudiera leer, escribir y hacer aritmética básica podía ser profesor. Habían pocos libros y el papel escaseaba. Con frecuencia los estudiantes hacían sus propios libros de aritmética. Niños de diferentes edades asistían a la escuela en un mismo salón.

1. ¿Cuál es la idea principal? ______________________

____

Ennumera tres detalles que apoyen la idea principal:

2. ______________________

3. ______________________

4. ______________________

Muchos niños que vivían en la frontera tenían que caminar grandes distancias a la escuela, que muchas veces no tenía calefacción. En casa, los niños estudiaban bajo la luz de una vela o de la chimenea.

5. ¿Cuál es la idea principal? ______________________

____

6. ¿La idea principal está enunciada en el párrafo? ______________________

Ennumera dos detalles que apoyen la idea principal:

7. ______________________

8. ______________________

LA ESCUELA Y LA CASA Con su niño, comente un libro que él esté leyendo y disfrutando. Pida a su niño que establezca la idea principal del libro y los detalles importantes.

Nombre ____

▶ **Completa el siguiente mapa de los personajes. Escribe la información que es importante acerca de cada uno de los personajes.**

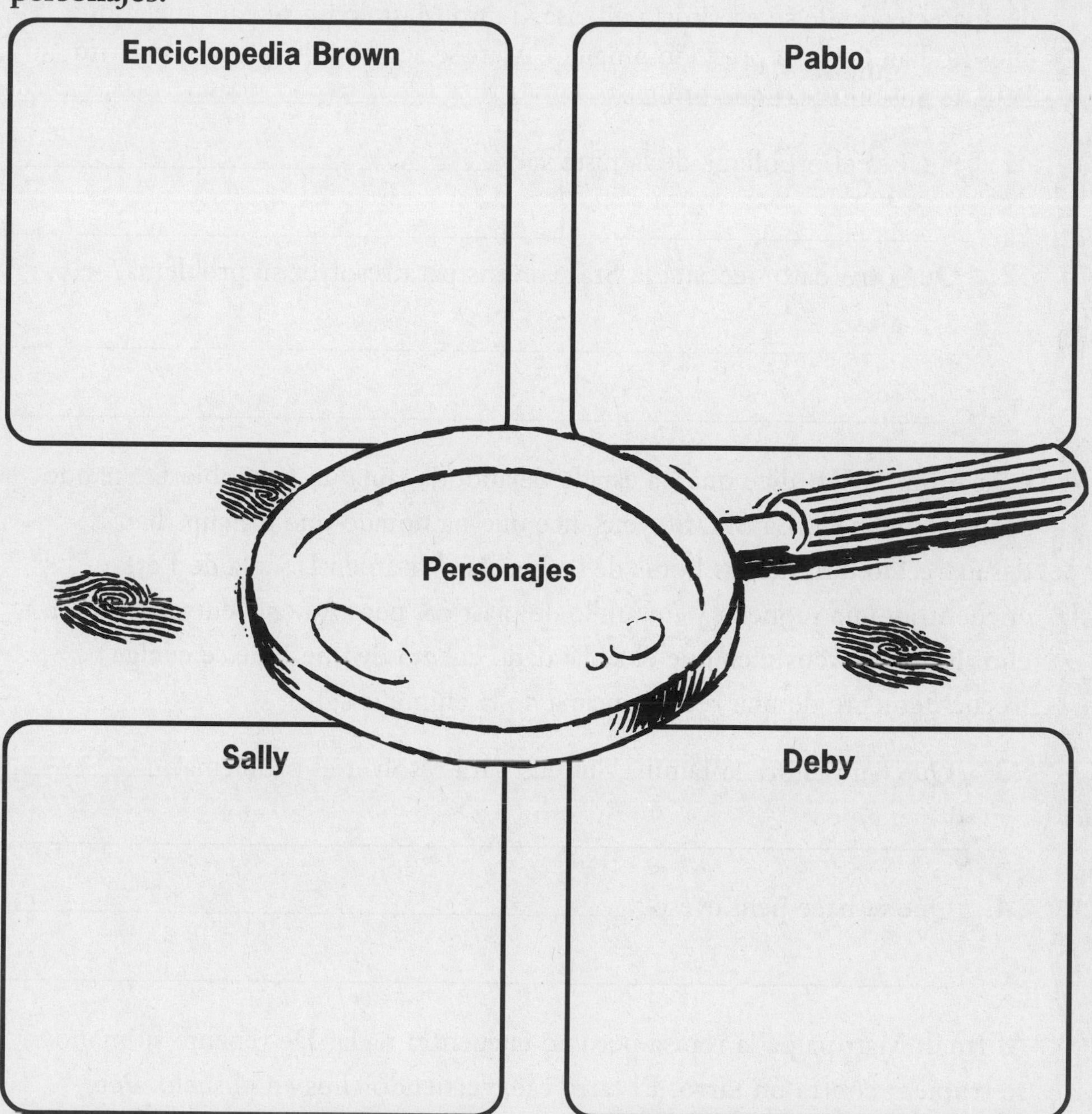

▶ **Escribe un resumen en una oración explicando cómo Enciclopedia Brown se da cuenta que Deby es la ladrona.**

____

____

____

Nombre ______________________________

▶ **En las siguientes líneas escribe las respuestas a las preguntas.**

Al comienzo: La Sra. Stevens, mamá de Matt, se queja de que los clips están desapareciendo de su escritorio en casa. Tanto Matt como su papá dicen que ellos no han tomado prestado ninguno. Matt se acuerda de que a su pajarito Pete, le gustan cosas que brillan.

1. ¿Cuál es el problema de la historia? ______________________________

____

2. ¿Qué otro dato necesita la Sra. Stevens para resolver su problema?

____

____

A la mitad: Matt dice que ha estado dejando la jaula de Pete abierta cuando se va a la escuela. La Sra. Stevens dice que ha notado que los clips han desaparecido durante las horas de la escuela. Miran en la jaula de Pete y encuentran una moneda y un anillo de plástico, pero no encuentran ningún clip. El Sr. Stevens dice que él se ha dado cuenta de que Pete se cuelga frecuentemente de una repisa encima de la chimenea.

3. ¿Qué hará ahora la familia Stevens para resolver el problema? ______________________________

____

4. ¿Qué te hace pensar eso? ______________________________

____

Al final: Matt palpa la repisa pero no encuentra nada. De repente su mano se tropieza contra un tarro. El tarro cae, vertiendo clips en el suelo. Pete desciende en picada, piando alegremente y recoge un clip con su pico.

5. ¿Cómo se resuelve el problema? ______________________________

____

INTÉNTALO

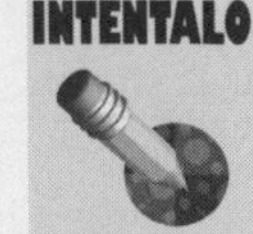

Escribe el comienzo de una historia de misterio. Asegúrate de enunciar el problema. Luego busca maneras en que los personajes puedan solucionar ese problema.

Nombre ______________________________

▶ **Completa las oraciones con el significado correcto de la palabra subrayada. Escoge el significado del siguiente rectángulo.**

pasado: **a.** antes, pretérito **b.** recorrido, circulado
plástico: **a.** cambio de las formas **b.** material sintético
morada: **a.** casa o habitación **b.** de color violeta oscuro
real: **a.** que pertenece al rey **b.** que existe

1. Pablo quería ser un real escultor.

Real quiere decir ______________________________

2. ¡Vamos a visitar la morada de Enciclopedia Brown!

Morada quiere decir ______________________________

3. Su pelota es de plástico.

Plástico quiere decir ______________________________

4. En el pasado, a Deby le gustaba pintar.

Pasado quiere decir ______________________________

5. El palacio real es inmenso.

Real quiere decir ______________________________

6. Deby tenía una blusa morada.

Morada quiere decir ______________________________

7. El papá de Manuel es el cirujano plástico que operó la nariz de Anita.

Plástico quiere decir ______________________________

8. ¿Has pasado por la nueva escuela?

Pasado quiere decir ______________________________

Nombre ____

▶ **Completa las siguientes oraciones comparativas escogiendo la palabra correcta de las que están entre paréntesis. Luego vuelve a escribir la oración completa.**

1. Enciclopedia Brown ha leído __________ historias de detectives que el resto de sus amigos. **(tan, más)**

   ____

2. Julia es __________ alta como Carmen. **(tan, menos)**

   ____

3. Esta historia es __________ interesante que la anterior. **(tan, más)**

   ____

4. Pedro es __________ artístico que Pablo. **(menos, tan)**

   ____

5. Julián es __________ alto que Rosario. **(más, tan)**

   ____

6. Marita es __________ cortés como Tomasa. **(tan, menos)**

   ____

7. Julio es __________ estudioso que Juan Carlos. **(menos, tan)**

   ____

8. Miguel es __________ bondadoso como Alberto. **(tan, menos)**

   ____

   ____

Con un compañero de clases escriban cuatro oraciones comparando a personajes de libros que hayan leído últimamente.

Nombre ____________________

▶ **Completa las siguientes oraciones escogiendo la palabra de ortografía que corresponda.**

1. El ______________ trabajaba hasta el anochecer para terminar su obra. **(artesano, artefacto)**

2. ¡Qué ______________ es el tío de Augusto! **(bondad, bondadoso)**

3. El ejército ______________ tomó posesión de las tierras de sus enemigos. **(invasor, invadir)**

4. ¡Esa ______________ es espectacular! **(invención, inventar)**

5. Hay que fomentar el ______________ en nuestras escuelas. **(artefacto, arte)**

6. Hubo una celebración en honor al ______________ que pintó esos cuadros. **(artista, artefacto)**

7. Encontraron un ______________ preincaico en las ruinas del Perú. **(artista, artefacto)**

8. La ______________ es una cualidad muy preciada. **(bueno, bondad)**

9. El ______________ de dormir ocho horas es sentirse descansado. **(bueno, beneficio)**

10. ¿Quién fue el ______________ del teléfono? **(inventor, invento)**

11. Ese dibujo es muy ______________. **(arte, artístico)**

12. ¡Qué ______________ que puedas venir a mi fiesta! **(bueno, bondad)**

PALABRAS DE ORTOGRAFÍA

1. inventar
2. invención
3. inventor
4. invento
5. beneficio
6. bueno
7. bondad
8. bondadoso
9. invadir
10. invasión
11. invasor
12. arte
13. artesano
14. artístico
15. artefacto
16. artista

ALTO

Caligrafía: Cuando escribas, asegúrate de coger tu lápiz adecuadamente entre tus dedos pulgar e índice. Practica escribiendo las siguientes palabras.

13. inventar ______________ **15.** invadir ______________

14. invento ______________ **16.** invasión ______________

Nombre ____________________

▶ **Escoge una de las palabras que están dentro de los ladrillos para completar las oraciones.**

alojar | saciados | sigilosamente | hambruna | súbitamente | extras

"Aviso para los huéspedes"

1. El costo por _ _ _ _ _ _ huéspedes es de $10.00 la noche.

2. Les aseguramos que no pasarán _ _ _ _ _ _ _ _ mientras se hospeden aquí.

3. Todos los apetitos serán _ _ _ _ _ _ _ _.

4. Se proporcionan toallas _ _ _ _ _ _ todos los días.

5. Se espera que llueva _ _ _ _ _ _ _ _ _ _ _ durante este mes.

6. Por favor no se vayan _ _ _ _ _ _ _ _ _ _ _ _ _ sin decirnos adiós.

▶ **Completa los siguientes espacios en blanco.**

7. Escribe dos palabras del vocabulario que tengan significados opuestos.

____________________ ____________________

8. Escribe dos palabras del vocabulario que indiquen maneras de actuar.

____________________ ____________________

INTÉNTALO Imagínate que irás de vacaciones a algún lugar interesante o que irás a visitar a algún miembro de tu familia. Escribe dos oraciones empleando por lo menos dos palabras del vocabulario.

Nombre ______________________________

▶ **Completa el siguiente diagrama de Venn diciendo cómo se diferencia la viejecita de los dos jóvenes. Luego di en qué se parecen los tres personajes.**

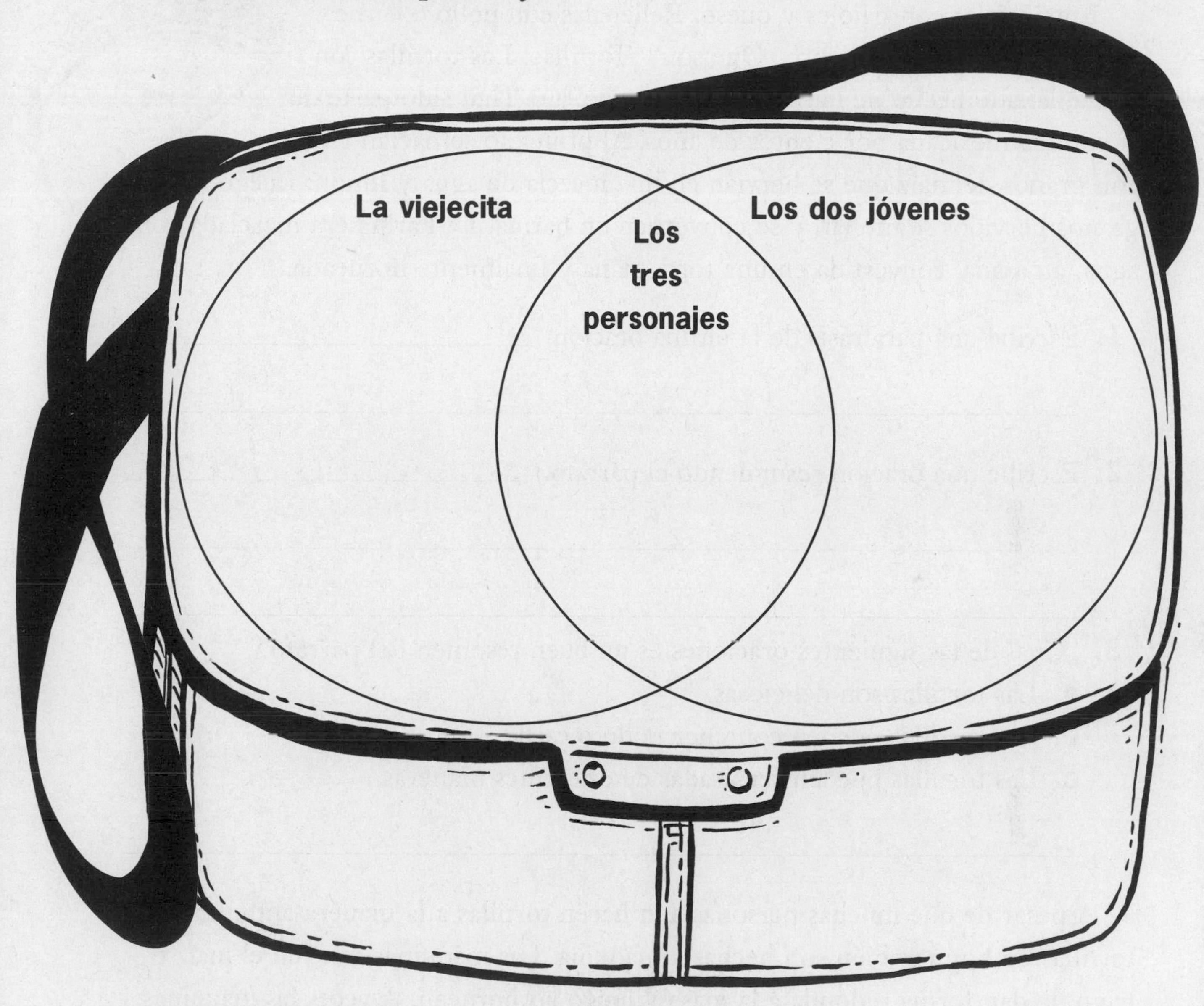

▶ **Describe brevemente como la viejecita logra engañar a los dos jóvenes.**

____

____

____

____

____

Nombre ______________________________

▶ **Lee cada párrafo. Luego sigue las instrucciones y responde a las preguntas.**

Envuélvelas con frijoles y queso. Rellénalas con pollo o carne. Cómelas sin ningún relleno. ¿Qué son? ¡Tortillas! Las tortillas son pan aplanado hecho de harina de maíz o de trigo. Han sido parte de la comida mexicana por cientos de años. Al principio se hacían tortillas con granos de maíz que se hervían en una mezcla de agua y limón. Luego los granos hervidos se molían y se convertían en harina. La harina era mezclada con agua, amasada, convertida en una torta plana y finalmente horneada.

1. Escribe una paráfrasis de la última oración. ______________________________

____

2. Escribe una oración resumiendo el párrafo. ______________________________

____

____

3. ¿Cuál de las siguientes oraciones es un buen resumen del párrafo?
   a. Las tortillas son deliciosas.
   b. Las tortillas pueden contener pollo o carne.
   c. Las tortillas pueden ser usadas de diferentes maneras.

____

A pesar de que muchas personas aún hacen tortillas a la manera antigua, las tortillas de hoy también son hechas a máquina. Las máquinas muelen el maíz o trigo, le dan forma redonda a la masa y luego las hornean. A veces las máquinas incluso las congelan para que se puedan guardar por largo tiempo.

4. Escribe una paráfrasis de la primera oración. ______________________________

____

____

5. Escribe una oración resumiendo el párrafo. ______________________________

____

Nombre ____

▶ **Lee el siguiente párrafo. Luego lee cada pregunta. Marca la letra que corresponda a la respuesta correcta.**

Si disfrutas los tamales, agradece a los mexicanos. Ellos hacían tamales desde antes de que los exploradores españoles llegaran a América. Una manera favorita de hacer tamales era envolviendo harina de maíz con carne o pescado en las hojas del maíz. Los tamales pueden tener diferentes rellenos. En algunos lugares son populares los tamales dulces.

1 ¿Cuál de las siguientes oraciones pertenece a un párrafo de resumen?

A Los restaurantes mexicanos sirven tamales.

B Los nativos comían maíz y pimiento.

C Los tamales son deliciosos.

D Los primeros tamales fueron hechos por nativos de México.

2 ¿Cuál de las siguientes es una paráfrasis de la primera oración?

F Los aficionados a los tamales deben agradecer a los nativos mexicanos.

G Si disfrutas comiendo tamales, agradece a los mexicanos.

H A los mexicanos les gustan los tamales rellenos de maíz.

J Había gente viviendo en México antes de que llegaran los españoles.

3 Un buen resumen ______.

A enuncia las ideas principales en pocas palabras

B es más largo que el original

C vuelve a decir el original en sus propias palabras

D incluye muchos detalles

4 "Los tamales dulces saben muy extraños". ¿Por qué no es ésta una buena paráfrasis de la última oración?

F Es muy corto.

G Sólo da la idea principal.

H No da la misma información.

J Da detalles sin importancia.

5 Una paráfrasis de un párrafo ______.

A es muy largo

B usa otras palabras para dar la información

C da sólo unos cuantos detalles

D da sólo la idea principal

Respuestas

1 Ⓐ Ⓑ Ⓒ Ⓓ
2 Ⓕ Ⓖ Ⓗ Ⓙ
3 Ⓐ Ⓑ Ⓒ Ⓓ
4 Ⓕ Ⓖ Ⓗ Ⓙ
5 Ⓐ Ⓑ Ⓒ Ⓓ

Nombre ______________________________

En los días del rey Adobe

Ampliación del vocabulario: sinónimos y antónimos

▶ **Lee las siguientes oraciones. Busca un sinónimo en la caja para la palabra subrayada. Escribe el sinónimo en la línea de al lado.**

jóvenes	**alojamiento**	**solo**	**viejos**	**acompañado**
grosero	**hambrientos**	**amable**	**sencilla**	**famélicos**
simple	**vivienda**	**avaro**	**complacidos**	**delgado**
generoso	**grueso**	**satisfechos**		

1. Los jóvenes estaban hambrientos. ______________

2. La viejecita vivía en una casa sencilla. ______________

3. ¿Crees que los jóvenes se sintieron complacidos de lo que hicieron? ______________

4. ¿Dónde está su vivienda? ______________

▶ **Escribe un antónimo para cada una de las siguientes palabras subrayadas. Usa las palabras de la caja.**

5. Los jóvenes no tenían escrúpulos. ______________

6. Mi abuelo prefiere vivir solo. ______________

7. El joven parecía ser muy amable. ______________

8. Me alegro que Juan sea tan generoso. ______________

Nombre ______________________________

▶ **Vuelve a escribir cada oracion usando dos comparaciones superlativas.**

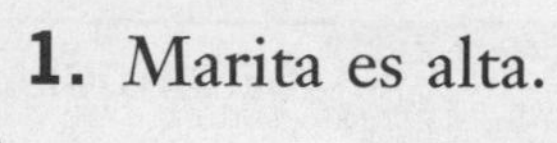

1. Marita es alta.

____

____

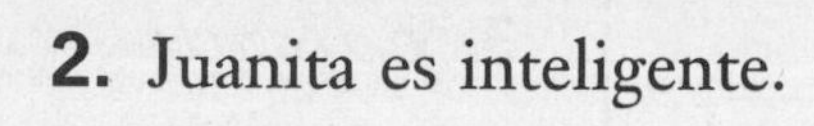

2. Juanita es inteligente.

____

____

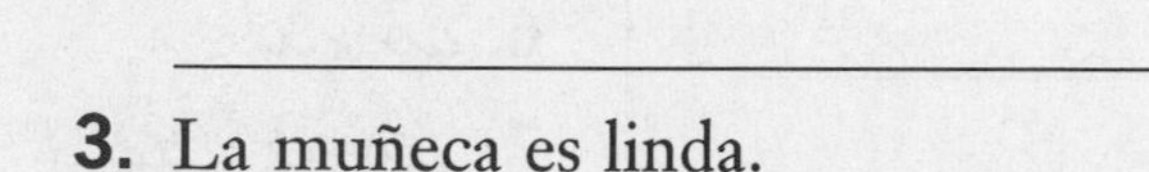

3. La muñeca es linda.

____

____

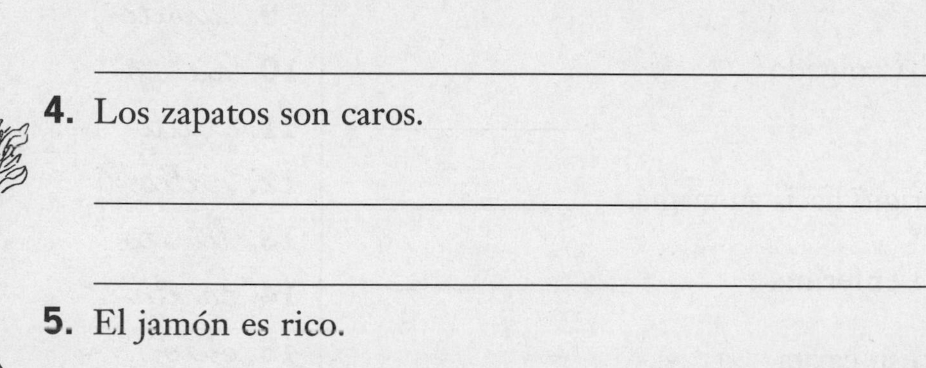

4. Los zapatos son caros.

____

____

5. El jamón es rico.

____

____

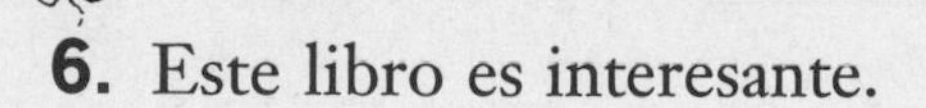

6. Este libro es interesante.

____

____

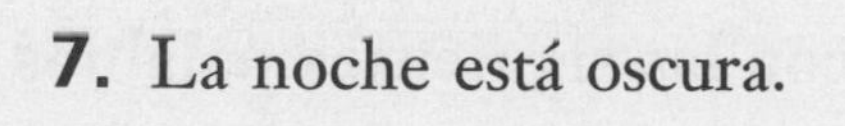

7. La noche está oscura.

____

____

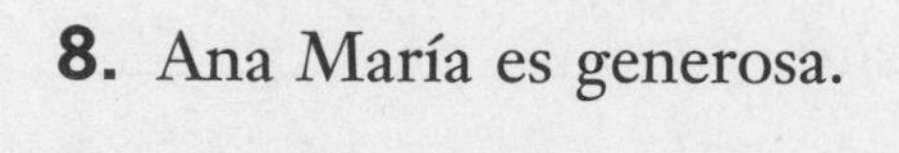

8. Ana María es generosa.

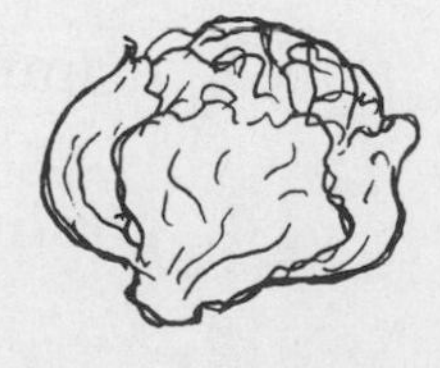

____

____

Nombre ______________________________

En los días del rey Adobe

Los diminutivos *-ito, -ita*

▶ **En las siguientes oraciones subraya los diminutivos. Luego identifica la palabra base dentro de esas palabras.**

1. Las florecitas del jardín han crecido bastante. __________
2. El carrito vino a recogerla. __________
3. El librito está muy interesante. __________
4. Mi mamá me compró un gatito. __________
5. El pajarito estaba enfermo. __________
6. Julia encontró una piedra redondita en el río. __________
7. El pájaro estaba colgado de una ramita. __________
8. El patito se dirigió hacia su mamá. __________
9. Su ojito estaba enfermo. __________
10. El niño acercó su carita a la ventana. __________
11. Vimos a los pájaros en su nidito. __________
12. Encontramos un palito en la bolsa. __________

PALABRAS DE ORTOGRAFÍA

1. redondita
2. ramita
3. pajarito
4. manitas
5. nidito
6. gordito
7. florecitas
8. besito
9. carrito
10. palito
11. gatito
12. patito
13. librito
14. carita
15. ojito
16. lomita

Caligrafía: Cuando escribas la letra *t* junto a otras vocales o letras, ten cuidado de unir las letras claramente. Practica con las siguientes palabras de ortografía.

ito, ita

13. manitas __________ 15. besito __________

14. gordito __________ 16. lomita __________

LA ESCUELA Y LA CASA Con su niño, piensen en tres diminutivos más. Hagan oraciones con estos diminutivos.

Nombre ________________________________

▶ **Completa las oraciones con palabras del siguiente rectángulo.**

guión	**entretenimiento**	**dramaturgos**	**marionetas**
biombo	**espectadores**		

Julián tiene en mente un proyecto. Pero no es cualquier proyecto. Él ha leído sobre los **(1)** ____________________ y quiere estudiar y practicar para ser uno. De niño él tenía **(2)** ____________________ con las que montaba obras teatrales en el patio de su casa. No requería de mucho en ese entonces. Usaba un bonito y llamativo **(3)** ____________________ pintado por su hermana Anita, la artista de la familia, como fondo e invitaba a amigos y familiares para que hicieran de **(4)** ____________________. Sus obras eran siempre el **(5)** ____________________ familiar de los domingos en la tarde. El **(6)** ____________________ era el producto de su imaginación, tal como lo sigue siendo en la actualidad. Julián está preparado para ser uno de los grandes **(7)** ____________________. El último **(8)** ____________________ que ha escrito es quizás el más interesante de todos. ¡Julián será alguien muy importante en el mundo de las artes!

LA ESCUELA Y LA CASA Cuente a su niño un cuento clásico u otra historia. Anime a su niño a participar cambiando la trama para que el final sea completamente distinto. Usen por lo menos tres palabras del vocabulario.

Nombre ______________________________

Recordatorio de la destreza: **resumen = idea principal y detalles; parafrasear = la misma información en otras palabras**

▶ **Lee el siguiente párrafo. Luego responde a las preguntas.**

¿Has jugado alguna vez a juegos del alfabeto y has necesitado una palabra que comience con *c*? Si te has cansado de usar palabras como *casa* y *camello*, la próxima vez trata de usar la palabra *cítara*. Una cítara es un instrumento musical con cuerdas. Se parece un poco a una arpa. Las cítaras tienen de 29 a 42 cuerdas. Para tocarla debes jalar las cuerdas con los dedos de ambas manos. Miles de años atrás, los griegos tocaban un instrumento llamado *cithara*. Probablemente la cítara viene de la cithara. Las cítaras no son muy comunes en la actualidad, pero fueron muy populares en Estados Unidos en los años 1800.

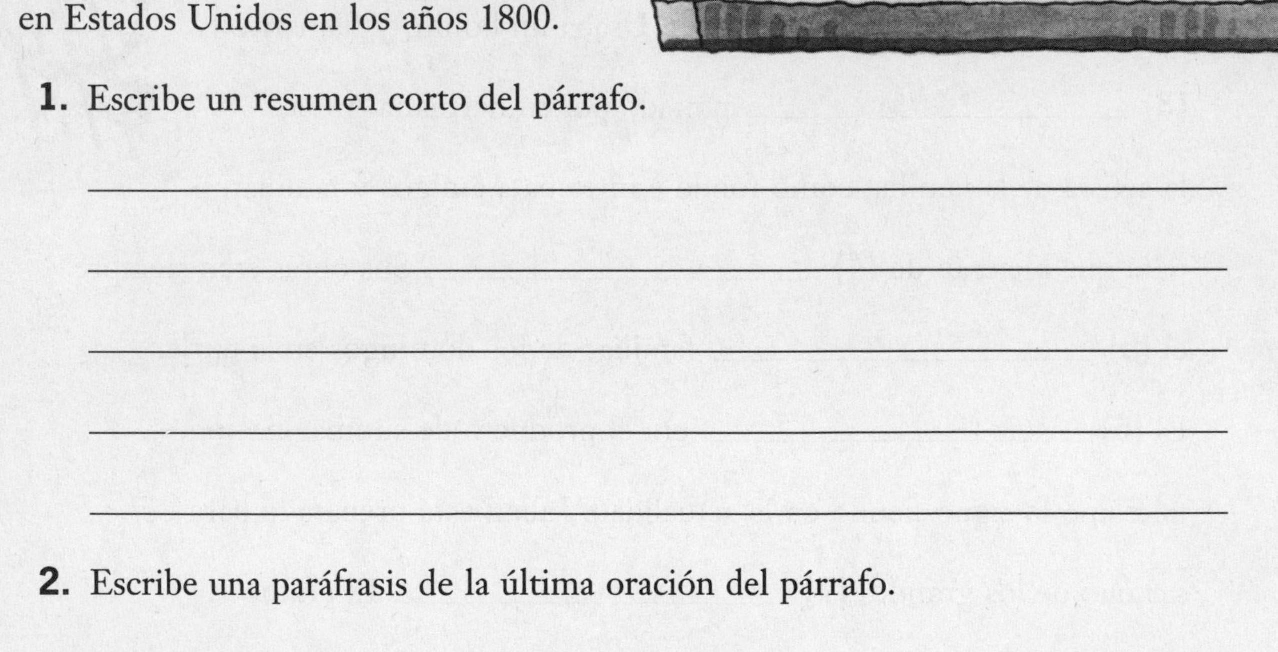

1. Escribe un resumen corto del párrafo.

____

____

____

____

____

2. Escribe una paráfrasis de la última oración del párrafo.

____

____

____

INTÉNTALO Haz una lista de las cosas que ocurrieron en la escuela hoy. Luego escribe un resumen en una oración basado en tu lista.

Nombre ______________________________

¡Arriba el telón!

Resumir

▶ **Antes de leer, completa la tabla de predicciones escribiendo lo que crees que sucederá. Después de leer escribe lo que sucede en realidad.**

Tabla de predicciones

Lo que creo que sucederá	Lo que en realidad sucede

▶ **Di por qué es importante saber quién va a ser el público que va a ver la obra antes de escribirla.**

____

____

____

Nombre ______________________________

▶ **Lee las siguientes estrategias para decodificar palabras largas. Luego escribe la letra que corresponde a la estrategia que puedes usar para decodificar las palabras largas en las siguientes oraciones. Escoge el significado de la palabra de las opciones que se te dan.**

A. Busca un prefijo o un sufijo.

B. Piensa sobre el significado de la palabra base.

C. Observa si se trata de una palabra compuestas.

Al recibir la noticia, el actor se quedó inmóvil.

1. Estrategia: ______________________

2. *Inmóvil* quiere decir ______________________.

que no se puede mover **que se moviliza**
le gusta moverse

Juan representó el papel de espantapájaros de una manera muy realista.

3. Estrategia: ______________________

4. *Espantapájaros* quiere decir que ______________________.

atrae a los pájaros **aleja a los pájaros**
tiene pájaros

Los antepasados de Manuel fueron actores.

5. Estrategia: ______________________

6. *Antepasados* quiere decir ______________________.

cosa del pasado **personas de las que se desciende**
vamos al pasado

¡Qué graciosa fue la actuación de tus hermanos!

7. Estrategia: ______________________

8. *Graciosa* quiere decir ______________________.

que tiene gracia **gracias** **sin gracias**

LA ESCUELA Y LA CASA Con su niño empiezen una colección de palabras largas. Hablen sobre la pronunciación y el significado de estas palabras.

Nombre ______________________________

▶ **En las siguientes oraciones subraya el verbo. Di qué clase de verbo es, de *acción* o de *unión*.**

1. Los actores vendrán mañana. ______________

2. La audiencia aplaudió muchísimo. ______________

3. Simone y Alberto son muy amigos. ______________

4. Mónica cantó en la última función de la escuela. ______________

5. Carolina está en el otro salón con Teresa. ______________

6. La función fue a las ocho en punto. ______________

7. Patricia ganó el concurso la semana pasada. ______________

8. Juan llegará a la hora de la comida. ______________

▶ **Usa los verbos del recuadro para completar las siguientes oraciones. Usa las formas verbales apropiadas.**

Verbos de acción	Verbos de unión
correr	ser
ayudar	estar

9. Mi hermana me ______________ con los quehaceres.

10. Julia ______________ todos los días.

11. A partir del viernes ______________ de vacaciones.

12. La fiesta de graduación ______________ un éxito.

INTÉNTALO Con un compañero imaginen que los personajes favoritos de sus historias se encuentran y entablan una conversación. Identifiquen los verbos que usan como de acción o de unión.

Nombre ________________________________

¡Arriba el telón!

Los superlativos *-ote, -ísimo*

▶ **Escribe la palabra de ortografía que significa lo opuesto a las siguientes palabras.**

1. grandísima ____________
2. pequeñito ____________
3. altísima ____________
4. poquísimo ____________
5. cerquísima ____________
6. lentísimo ____________
7. buenísimo ____________
8. baratísimo ____________

PALABRAS DE ORTOGRAFÍA

1. famosísimos
2. pequeñísima
3. grandote
4. altísima
5. muchísimo
6. comiquísimo
7. lejísimos
8. pescadote
9. frascote
10. platote
11. rapidísimo
12. malísimo
13. animalote
14. guapísimo
15. carísimo
16. mismísimo

▶ **Lee las siguientes palabras. Encuentra su superlativo en las palabras de ortografía. Escríbelo al costado.**

9. famosos ____________
10. cómico ____________
11. pescado ____________
12. frasco ____________

Caligrafía: **Escribe de una manera clara las terminaciones de los superlativos. No te olvides de incluir los acentos. Practica con las siguientes palabras de ortografía.**

altísima

13. platote ____________
14. animalote ____________
15. guapísimo ____________
16. mismísimo ____________

Nombre ______________________________

▶ **Escoge una palabra del recuadro para completar cada analogía.**

decretó	**almacenaré**	**recaudadores**	**puñado**	**provincia**
banquete				

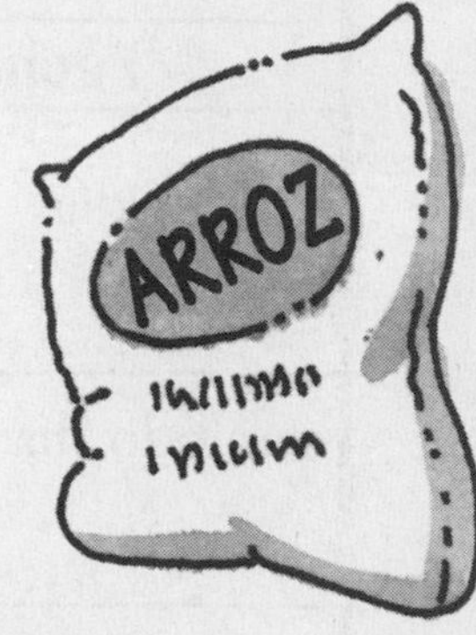

1. *Guardaré* es sinónimo de ________________.
2. *Ordenó* es sinónimo de ________________.
3. *Festín* es sinónimo de ________________.
4. *Manojo* es sinónimo de ________________.

▶ **Escribe la palabra del vocabulario que corresponde a cada clave.**

5. Esto es una gran fiesta. ________________
6. Es el territorio de un estado. ________________
7. Personas encargadas de cobrar dinero. ________________
8. Guardaré o pondré en un almacén. ________________
9. Cantidad que cabe en un puño. ________________
10. Decidió, determinó. ________________

Crea tu propia historia acerca de un grano de arroz. Incluye por lo menos tres palabras del vocabulario.

Nombre ___________________________

▶ **Completa la siguiente tabla escribiendo sucesos importantes que sucedieron en la historia.**

Sucesos importantes durante los treinta días de Rani	
Fecha	**Sucesos**
primer día	
segundo día	
noveno día	
vigésimo día	
vigésimo cuarto día	
vigésimo noveno día	
trigésimo día	

▶ **Usa la información que tienes para saber cuántos más granos de arroz Rani hubiera recibido en el día trigésimo segundo. Explica como llegaste a esa conclusión.**

____

____

____

____

Nombre ______________________________

▶ **En las siguientes líneas escribe las respuestas a las preguntas.**

Más de la mitad de la tierra en India se usa para la agricultura. Sus productos principales son arroz, trigo, caña de azúcar, té y algodón. El arroz es la comida principal de su población.

1. ¿Es este párrafo objetivo o subjetivo? ____________________

2. ¿Cómo lo sabes? ______________________________

____

En septiembre estuve siete días en Nueva Delhi, India. Llovió los siete días. Yo creo que siempre llueve en India.

3. ¿Es este párrafo objetivo o subjetivo? ____________________

4. ¿Cómo lo sabes? ______________________________

____

5. El autor dice que debe llover todos los días en India. ¿Es ésta una conclusión válida? Explica. ______________________________

____

Ayer el equipo nacional de fútbol perdió con Brasil 3 a 2. Tenemos un pésimo equipo este año. Hemos perdido ya tres juegos.

6. ¿Es este párrafo objetivo o subjetivo? ____________________

7. ¿Cómo lo sabes? ______________________________

____

Brasil, un equipo de alto nivel, le ganó a nuestro equipo nacional de fútbol con una cerrada puntuación de 3 a 2. Debemos estar orgullosos de nuestro equipo, que ha ganado ocho juegos este año y perdido sólo tres.

8. ¿Es este párrafo objetivo o subjetivo? Explica. ____________________

____

Escribe un párrafo acerca de un evento deportivo real o imaginario. Escoge palabras para demostrar que el equipo local es bueno o malo.

Nombre ____________________

▶ **Lee las siguientes oraciones y escribe la palabra subrayada al lado de la definición que le corresponde.**

El sultán vivía en su palacio rodeado de lujos.
La Sra. López guarda la escritura de su casa en un lugar seguro.
Mi papá guarda las joyas de la familia en la caja fuerte.
Mañana se llevará a cabo la polémica entre los candidatos.
La tripulación del avión siempre va delante.
Él es un mecánico muy escrupuloso con su trabajo.
Anoche tuve una pesadilla, ¡soñé que un monstruo me atacaba!
Hubo un gran fraude en el banco, felizmente ya descubrieron a los culpables.
Juan es muy parco, nunca dice nada.
La princesa vino de visita de incógnita, ya que no quería llamar la atención.

1. ____________________ callado, silencioso
2. ____________________ sueño que causa angustia
3. ____________________ personas que conducen una embarcación
4. ____________________ debate, controversia
5. ____________________ documento
6. ____________________ príncipe o gobernador
7. ____________________ recipiente con llave para guardar cosas de valor
8. ____________________ cuidadoso
9. ____________________ engaño
10. ____________________ en secreto, escondida

LA ESCUELA Y LA CASA Ayude a su niño a encontrar tres palabras nuevas en el diccionario. Ayúdelo a usar esas palabras nuevas en oraciones.

Nombre ______________________________

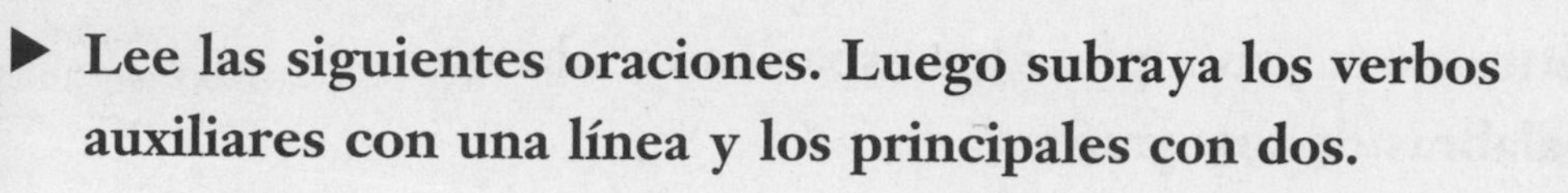

Lee las siguientes oraciones. Luego subraya los verbos auxiliares con una línea y los principales con dos.

1. Yo he jugado al tenis con mi hermano.
2. María ha trepado el árbol.
3. La bella codorniz era vista sólo de día.
4. Julio fue invitado a la fiesta del alcalde.
5. Marco ha ido cinco veces a India.
6. Mi familia ha venido muchísimas veces.
7. Carlota y su hermano han comido muchas cosas exóticas en India.
8. Los aviones han hecho los viajes más rápidos.

Completa las oraciones con un verbo auxiliar del recuadro y el verbo principal indicado.

están	han	está	ha

9. La maestra ______________ que se entregue la tarea el viernes. **(pedido)**
10. Hoy todos en mi familia ______________. **(reunidos)**
11. Marita y Raúl ______________ los mejores durante los dos últimos años. **(sido)**
12. Miguel ______________ el programa. **(viendo)**

INTÉNTALO Con un compañero escriban cinco oraciones acerca de cómo la gente usa las matemáticas en la vida diaria. Subrayen los verbos en sus oraciones.

Nombre ____________________

▶ **Lee la siguiente carta y completa los espacios en blanco usando las palabras de ortografía.**

PALABRAS DE ORTOGRAFÍA

1. carta
2. sobre
3. correspondencia
4. saludos
5. sinceramente
6. buzón
7. cartero
8. correo
9. tarjeta postal
10. destinatario
11. estampilla
12. atentamente
13. enviar
14. paquete
15. estimado (a)
16. entregar

(1) ____________________ Sr. Pérez:

Me dirijo a Ud. para comunicarle que su **(2)** ____________________ del mes pasado ha llegado con mucho retraso. He preguntado al **(3)** ____________________ el motivo de esta demora y él piensa que es debido a que su **(4)** ____________________ fue enviada sin **(5)** ____________________ y con la dirección en el **(6)** ____________________ equivocada. El cartero trabaja en esta zona desde hace mucho tiempo y es por eso que pudo identificar el nombre del **(7)** ____________________ con facilidad. Él dice que en el **(8)** ____________________ donde trabaja eso ocurre muy frecuente, pero para la próxima asegúrese de pegar la estampilla al sobre, de lo contrario no nos van a poder **(9)** ____________________ su **(10)** ____________________.

Muchos **(11)** ____________________ a todos en su oficina.

(12) ____________________,

Srta. Patricia Naranjo

Caligrafía: **Cuando escribas hazlo de manera seguida sin tener que pasar a las letras por arriba.**

13. sinceramente ____________________ **15.** enviar ____________________

14. buzón ____________________ **16.** paquete ____________________

Nombre ____

▶ **Escoge, de las palabras que están dentro del agua, la que mejor complete cada una de las oraciones. Puedes usar la misma palabra más de una vez.**

reavivar	**intermitente**	**voluntario**
acudas	**extinguido**	**resbalándose**

Tony está pensando en ser bombero **(1)** ____________________ porque le gusta ayudar a la gente. Él sabe que ser bombero requiere mucha dedicación y valentía. La gente cuyo hogar se está incendiando espera que **(2)** ____________________ rápidamente a su rescate. El incendio tiene que ser **(3)** ____________________ lo más pronto posible. Tony sabe que lo primero que deberá hacer es ponerse su ropa de bombero y bajar **(4)** ____________________ por la barra. Las luces **(5)** ____________________ son señal de emergencia y las sirenas no dejan de sonar. ¡El incendio tiene que ser **(6)** ____________________ ya! No puedes dejar **(7)** ____________________ las llamas. Es admirable la labor como bombero **(8)** ____________________.

LA ESCUELA Y LA CASA Hablen con su niño acerca de las reglas de seguridad a seguir, tanto dentro como fuera de casa. Trate de utilizar al menos dos palabras del vocabulario.

Nombre ______________________________

¡Fuego!

Tomar pruebas

Estudios sociales

Recordatorio de la destreza **Controla tu tiempo.**
Saltea las preguntas que no sabes.

▶ **Haz una lista ordenada de las estrategias para tomar pruebas. Utiliza las frases que están dentro del rectángulo.**

Regresa a las preguntas que habías salteado.	**Lee las instrucciones detalladamente.**
Ojea la prueba completa.	**Contesta las preguntas que sabes primero.**
Revisa todas las respuestas.	

1. Primera: ______________________________

2. Luego: ______________________________

3. Después: ______________________________

4. Entonces: ______________________________

5. Finalmente: ______________________________

▶ **Escribe la respuesta a la pregunta utilizando las opciones de abajo. Luego escribe la letra de las estrategias que utilizaste.**

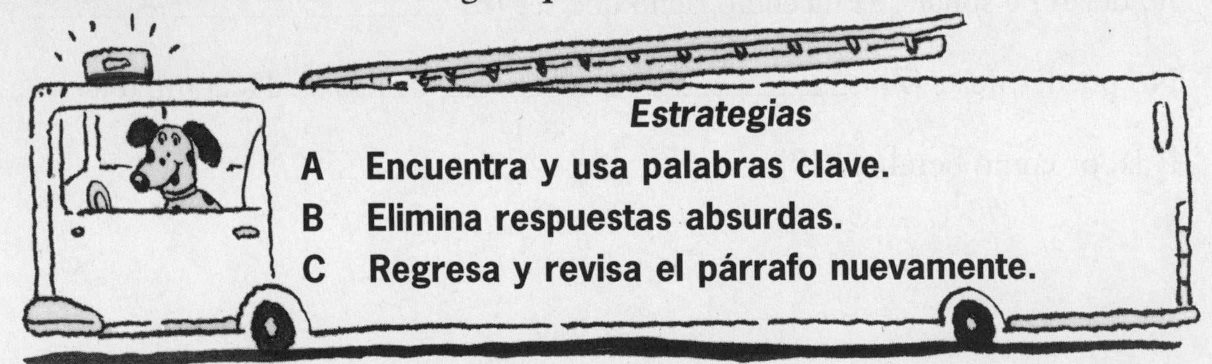

Estrategias

A **Encuentra y usa palabras clave.**

B **Elimina respuestas absurdas.**

C **Regresa y revisa el párrafo nuevamente.**

Los dálmatas son perros con manchas negras que han sido populares con los bomberos por más de 100 años. Corrían al lado de los camiones de bomberos cuando eran tirados por caballos sin ser pateados. Ahora montan los camiones de bomberos como mascotas.

6. ¿Qué habilidad especial tienen los dálmatas?

____

apagar fuegos **correr a la par de los caballos sin ser pateados**

Nombre ______________________________

¡Fuego!
Resumir

▶ **Completa las dos primeras columnas de la tabla S-Q-A. Luego usa la información de la historia para completar la última columna.**

Lo que sé	Lo que quiero saber	Lo que aprendí

▶ **Escribe una oración resumiendo lo anterior.**

____

____

Nombre ______________________

▶ **Lee el siguiente párrafo. Después escribe tres hechos del párrafo en el camión de bomberos de arriba y tres opiniones en el camión de bomberos de abajo.**

Un estudiante para ser técnico en emergencias médicas, o TEM, en Dallas debe trabajar un turno de 24 horas en una estación de bomberos. Los estudiantes acompañan a los bomberos cuando éstos responden llamadas para ayuda médica. Ésta es la parte más emocionante del entrenamiento de un TEM. Es una aventura viajar en la ambulancia a través de las calles de la ciudad. A veces administran los primeros auxilios a alguien que está herido. Proporcionar atención médica de urgencia es una tarea díficil.

Describe el equipo que necesita un bombero cuando está en acción. Luego escribe un párrafo describiendo cómo te sentirías tú al usarlo.

Nombre ____________________

▶ **Lee el pasaje. Luego lee cada pregunta y escoge la respuesta más adecuada.**

¡A algunas personas les gusta trabajar sin recibir dinero! Todos los veranos muchos estudiantes realizan trabajo voluntario. Algunos trabajan en hospitales. La tarea más gratificante en estos lugares es el trabajo con niños. Los voluntarios leen cuentos a los niños y juegan con ellos. Los voluntarios hacen también otras tareas, tales como ayudar en las oficinas del hospital.

El trabajo voluntario en los hospitales es una buena forma de pasar el verano. No es aburrido para nada.

Hay muchas organizaciones voluntarias. Trabajar por tu comunidad es una tarea magnífica. Todos deberíamos hacerlo. En tu hospital local puedes obtener una solicitud o puedes hacer trabajo voluntario en otro lugar. ¡No te arrepentirás!

1 ¿Cuál oración es una opinión?

A ¡A algunas personas les gusta trabajar sin recibir dinero!
B Cada verano muchos estudiantes hacen trabajo voluntario.
C Algunos trabajan en hospitales.
D El trabajo voluntario en hospitales es una buena forma de pasar el verano.

2 ¿Cuál oración es un hecho?

F El trabajo más gratificante es el que se hace con niños.
G Los voluntarios leen y juegan con niños.
H El trabajo voluntario en hospitales es una buena forma de pasar el verano.
J No es aburrido para nada.

3 ¿Cuál oración es una opinión?

A Hay muchas organizaciones de voluntarios.
B Todos deberíamos intentarlo.
C En tu hospital local puedes obtener una solicitud.
D O puedes ser voluntario en otro lugar.

4 ¿Cuál oración es un hecho?

F Trabajar para tu comunidad es un trabajo maravilloso.
G Todos deberíamos intentarlo.
H En tu hospital local puedes obtener una solicitud.
J No te arrepentirás.

Respuestas

1 Ⓐ Ⓑ Ⓒ Ⓓ
2 Ⓕ Ⓖ Ⓗ Ⓙ
3 Ⓐ Ⓑ Ⓒ Ⓓ
4 Ⓕ Ⓖ Ⓗ Ⓙ

Nombre ________________________________

▶ **Usa la cubierta del libro, el contenido, el glosario y el Índice para responder las preguntas de la siguiente página.**

Contenido

Glosario

alarma: una campana o sirena usada para dar una advertencia

brigada: un grupo organizado de gente con un propósito específico

unidades paramédicas: un grupo que proporciona primeros auxilios de emergencia en el lugar del problema

carro bomba: un camión que lleva una bomba y mangeras para esparcir agua sobre el fuego

detector de humo: un dispositivo que suena una alarma si hay humo en un cuarto

Índice

sigue

Nombre ______________________________

▶ **Escribe las respuestas a cada pregunta. Luego escribe el nombre de la parte del libro donde encontraste cada respuesta.**

1. ¿Cuál es el título del libro? ______________________

   Parte del libro: ______________________

2. ¿Cuántos capítulos tiene el libro? ______________________

   Parte del libro: ______________________

3. ¿En que página empieza el tercer capítulo? ______________________

   Parte del libro: ______________________

4. ¿Qué es un carro bomba? ______________________

   ____

   Parte del libro: ______________________

5. ¿Qué página menciona Little Rock, Arkansas? ______________________

   Parte del libro: ______________________

6. ¿Qué páginas mencionan accidentes? ______________________

   Parte del libro: ______________________

7. ¿Quiénes son los autores del libro? ______________________

   Parte del libro: ______________________

8. ¿Qué capítulo del libro tiene historias acerca de mascotas? ______________________

   Parte del libro: ______________________

9. ¿Qué son las unidades paramédicas? ______________________

   ____

   Parte del libro: ______________________

10. ¿Qué ciudades de California se mencionaron? ______________________

    Parte del libro: ______________________

Nombre ______________________________

▶ **Escoge una palabra de la lista para completar cada oración. Puedes usar la misma palabra más de una vez.**

revisión: examen atento y cuidadoso de la zona del incendio

mangueras: tubos largos que por un extremo toman líquido y por el otro lo expulsan

estación de bomberos: conjunto de instalaciones y aparatos que usan los bomberos

tarea: la actividad de los bomberos referida a apagar incendios

despacho: lugar dedicado a recibir las llamadas de emergencia para combatir incendios.

localizador: aparato utilizado para llamar a un bombero en casos de emergencia.

1. Francisco es un bombero que usa siempre su ______________________.
2. La ______________________ queda un poco lejos de mi casa.
3. Usa el ______________________ para llamar a los bomberos.
4. ¿Cuántas ______________________ se necesitan para combatir un incendio?
5. Es necesario hacer una ______________________ para estar seguros de que el incendio está totalmente extinguido.
6. Los bomberos cumplieron con su ______________________.
7. Hoy llegaron muchas llamadas al ______________________.
8. Pásame las ______________________ ahora mismo.

INTÉNTALO Lee sobre alguna otra profesión interesante. Investiga sobre los términos usados en esa profesión.

Nombre ______________________________

▶ **Completa cada oración con la forma correcta del verbo en presente que está entre paréntesis.**

1. Los bomberos ______________ una llamada de auxilio **(recibir)**
2. Una brigada ______________ a un edificio de apartamentos **(acudir)**
3. Los paramédicos ______________ a los heridos **(vigilar)**
4. Un viento muy fuerte ______________ las llamas **(reavivar)**
5. Los bomberos ______________ el edificio **(ventilar)**
6. Llega otra brigada de apoyo y ______________ el incendio **(apagar)**
7. Después del incendio, los bomberos ______________ las cenizas **(barrer)**
8. Una vez controlado el incendio ______________ el lugar **(empapar)**

▶ **Usa un verbo del rectángulo para completar cada oración.**

merecer	**extinguir**	**descansar**	**contestar**

9. Los bomberos ______________________ después de una jornada de trabajo.
10. Ellos ______________________ un incendio.
11. Ellos ______________________ un descanso.
12. Un bombero ______________________ los teléfonos.

INTÉNTALO

Escribe cinco oraciones acerca de apagar incendios. Utiliza uno de los siguientes verbos en el presente: *escribir trabajar leer escuchar hablar*

Nombre ________________________________

¡Fuego!

Palabras que terminan en *-ción* y *-sión*

▶ **Escribe la palabra de ortografía que nombra cada figura.**

1. ____________________ **3.** ____________________

2. ____________________ **4.** ____________________

PALABRAS DE ORTOGRAFÍA

1. interpretación
2. habitación
3. celebración
4. dirección
5. condición
6. canción
7. imaginación
8. misión
9. visión
10. televisión
11. lección
12. porción
13. función
14. excursión
15. expansión
16. presión

▶ **Las letras de las palabras subrayadas están mezcladas. Descífralas y escríbelas correctamente.**

5. Me gustó la ntecrónirepari que hiciste. ____________________

6. ¡Hay que organizar una cexuósinr! ____________________

7. No entiendo la cóelcin de matemáticas. ____________________

8. Te felicito por cumplir con tu iónsmi. ____________________

9. Dame una oicprón de torta. ____________________

10. Carolina tiene muy buena gamióniac. ____________________

11. ¿Cuál es tu recdónici? ____________________

12. La beraclóniec salió muy bonita. ____________________

Caligrafía: Cuando escribas palabras que terminen con *-ción* y *-sión* ten cuidado de escribir la letra *c* y *s* claramente. Escribe las siguientes palabras de ortografía.

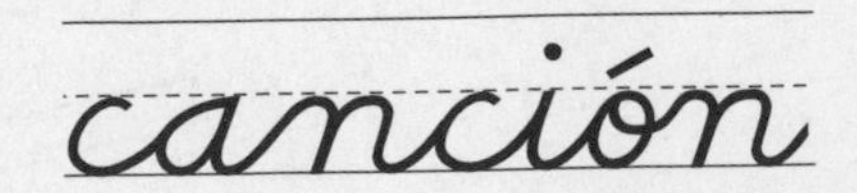

13. condición ____________________ **15.** expansión ____________________

14. función ____________________ **16.** presión ____________________

Nombre ______________________________

▶ **Lee las palabras del siguiente rectángulo. Escoge la que corresponda a cada clave. Puedes repetir las palabras.**

ciudadanos	**comestibles**	**enorgullece**
juramento	**disculparon**	**certificados**

1. documentos que aseguran oficialmente _ _ _ _ _ _ _ _ _ _ _ _

2. promesa rotunda _ _ _ _ _ _ _ _ _

3. que han nacido o que habitan en una ciudad _ _ _ _ _ _ _ _ _ _

4. perdonaron _ _ _ _ _ _ _ _ _ _ _

5. sentir orgullo _ _ _ _ _ _ _ _ _ _ _

6. cosas que se comen _ _ _ _ _ _ _ _ _ _ _

▶ **Escribe la palabra que conteste cada una de las siguientes adivinanzas.**

7. Soy una pieza importante de papel. ¿Qué soy? ______________

8. Son las manzanas, los tomates y los frijoles. ¿Qué son? ______________

Juro fidelidad a la bandera . . .

INTÉNTALO Escribe un párrafo diciendo de dónde vino tu familia. Utiliza al menos tres palabras del vocabulario

Nombre ______________________________

Recordatorio de la destreza **Carátula—título, autor; Contenido—títulos de los capítulos y número de hoja donde empieza cada capítulo; Glosario—definición de palabras; Índice—número de páginas por materia**

▶ **Lee cada pregunta y los nombres de las partes de un libro. Luego escribe el nombre de la parte del libro donde puedas encontrar la respuesta a cada pregunta.**

carátula | contenido | glosario | Índice

1. ¿Quién escribió el libro? ______________________
2. ¿Cuál es el título del primer capítulo? ______________________
3. ¿En que página se menciona Brooklyn? ______________________
4. ¿Qué significa la palabra *Constitución?* ______________________
5. ¿En que página comienza el capítulo de *¿Cómo convertirse en un ciudadano?* ______________________
6. ¿En qué páginas se trata el tema de la inmigración? ______________________
7. ¿Cuántos capítulos tiene el libro? ______________________
8. ¿Qué es una *ciudad*? ______________________
9. ¿Qué páginas nos hablan sobre el juramento a la bandera? ______________________
10. ¿Dónde esta el título del libro? ______________________

Busca distintas revistas en tu salón de clase y compara los contenidos. ¿Tienen todas la misma información? ¿De qué manera se diferencian?

Nombre ______________________________

Recordatorio de la destreza **El hecho está apoyado por una evidencia. La opinión da una creencia, un juicio o un sentimiento.**

▶ **Escribe *hecho* u *opinión* al lado de cada oración.**

1. Una de las cosas más importantes de visitar en la ciudad de Nueva York es Ellis Island. ______________
2. Éste es el sitio por el cual más de 12 millones de personas entraron a los Estados Unidos entre 1892 y 1954. ______________
3. Annie Moore, una niña irlandesa de 15 años fue la primera persona en cruzar Ellis Island. ______________
4. ¡Qué emocionante debe haber sido llegar a América! ______________
5. Annie llegó en el barco de vapor *Nevada* el primero de enero de 1892. ______________
6. Ella llegó con sus dos hermanos menores. ______________
7. Ellos fueron recibidos por sus padres, que tres años antes habían venido a Nueva York. ______________
8. Annie fue una niña muy valiente. ______________
9. Ella realmente quería ser americana. ______________
10. Hoy en día hay una estatua de bronce de Annie en el segundo piso de inmigración de Ellis Island. ______________

INTÉNTALO

Escribe un párrafo acerca de alguien que admires. Incluye hechos y opiniones. Titula los hechos con una H y las opiniones con una O.

Nombre ______________________

▶ **Mientras lees, comienza a completar la red de predicciones. Cuando termines de leer, escribe lo que realmente sucede.**

▶ **Explica por qué todos los personajes se refieren a este día como *el día más importante*. ¿Qué es lo que lo hace tan importante para ellos?**

____

____

____

____

Nombre ____________________

▶ **Lee el siguiente párrafo. Luego escribe *válida* o *no válida* al lado de cada generalización.**

Cuando Hanz llegó a los Estados Unidos en 1907 no hablaba inglés. En Ellis Island esperó en línea con cientos de inmigrantes para obtener permiso para entrar al país. ¡Qué largas eran las líneas! y que cansado se sentía Hanz después del largo viaje que hizo con su familia desde Alemania. Inmediatamente Hanz y los demás fueron examinados por un doctor. Si el doctor encontraba algún problema médico, entonces el inmigrante tenía que ser examinado nuevamente por otros doctores. Hanz estaba muy nervioso. Los niños enfermos de más de 12 años no podían salir de Ellis Island para entrar a Estados Unidos, tenían que regresar solos cruzando el océano. Sus padres y familiares no regresaban con ellos. Hanz había cumplido 12 años hace poco, tenía esperanzas de que el doctor no se diera cuenta de que tenía una pequeña tos.

Generalización	Válida o no válida
1. Los inmigrantes no hablan inglés.	____________
2. Los inmigrantes tienen enfermedades.	____________
3. A algunos inmigrantes no se les permite la entrada a Estados Unidos.	____________
4. Algunas veces hijos de los inmigrantes son separados de sus padres.	____________
5. Todos los inmigrantes estaban nerviosos.	____________
6. Algunos inmigrantes vinieron desde Alemania.	____________
7. Los doctores trabajaban en Ellis Island.	____________
8. Los doctores eran siempre crueles con los inmigrantes.	____________
9. Los niños siempre eran separados de sus padres.	____________
10. Algunas familias inmigraron juntas.	____________

Nombre ______________________________

Un día muy importante

Ampliación del vocabulario: Homógrafos

▶ **HOMÓGRAFOS son palabras que se escriben igual pero tienen un significado diferente. Escoge la palabra que corresponda a cada oración.**

corto	**hojas**	**coma**	**frente**

1. Mi cuaderno de español tiene cien ______________.
2. La mamá quiere que el niño ______________ su comida.
3. Éste es un cuento ______________ que se puede leer en poco tiempo.
4. Hay una tienda al ______________ de mi casa.
5. En el otoño se caen las ______________ de los árboles.
6. ______________ el papel con las tijeras.
7. Tengo un lunar en la ______________.
8. Falta una ______________ en esa oración.

INTÉNTALO Busca dos palabras que se escriban igual pero con diferente significado. Haz una oración con cada una de ellas.

Nombre ______________________________

▶ **Vuelve a escribir las siguientes oraciones usando la forma correcta del verbo en presente que está entre paréntesis.**

1. Yo **(voy, vas)** al cine contigo. ______________________________

2. Marita y Juana **(juego, juegan)** en el parque.

   ____

3. Los nuevos ciudadanos **(siente, sienten)** mucha alegría.

   ____

4. Yo **(tengo, tenemos)** que felicitar a los nuevos ciudadanos.

   ____

▶ **Lee las siguientes oraciones y el verbo entre paréntesis. Conjuga ese verbo en el presente para completar las oraciones.**

5. Juanito ______________ ser ciudadano de Estados Unidos. **(querer)**

6. Tú ______________ una ciudadana muy activa. **(ser)**

7. Yo ______________ irte a visitar el próximo verano. **(pensar)**

8. Felipe ______________ que hay que respetar la bandera de nuestra patria. **(decir)**

LA ESCUELA Y LA CASA Hable con su niño acerca de lo que significa ser ciudadano. Con su niño, escriban tres oraciones que reflejen las ideas de su familia. Subrayen el verbo de cada oración.

Nombre ______________________________

▶ **Lee el siguiente párrafo. Encierra en un círculo las doce palabras de ortografía que tienen errores. Luego escríbelas correctamente en las líneas.**

PALABRAS DE ORTOGRAFÍA

1. música
2. mágico
3. fábrica
4. tímido
5. periódico
6. fantástico
7. zoológico
8. júbilo
9. Época
10. mecánica
11. lámpara
12. paréntesis
13. relámpago
14. típico
15. elástico
16. válvula

Había una vez una álmarpa mágica cuyo dueño era un niño al cual le gustaba mucho la úsimca. Éste era un niño anftástico pero a la vez tdímio que saltaba de jboúilo cada vez que iba al zoológico y se encontraba con el pájaro ágmico que hacía un sonido tíipco al escuchar un mrelápaog. Un día este niño perdió su lámpara mágica y con pena recordaba la éopca en que él y su lámpara recorrían el gczoolóio. Decidió poner un anuncio en el peiódicro con esperanzas de recuperar su lámpara. Y para sorpresa de todos el trabajador de una fáricab cercana la había recogido del pasto y se la devolvió al niño. Desde ese día se convirtieron en buenos amigos.

1. ____________ 5. ____________ 9. ____________

2. ____________ 6. ____________ 10. ____________

3. ____________ 7. ____________ 11. ____________

4. ____________ 8. ____________ 12. ____________

Caligrafía: **Cuando escribas, asegúrate de que las letras se inclinen en la misma dirección. Practica con las siguientes palabras de ortografía.**

época

13. mecánica ____________ **15.** elástico ____________

14. paréntesis ____________ **16.** válvula ____________

Nombre ____________________

▶ **Escoge de las palabras que están dentro del recuadro la que mejor complete cada una de las oraciones.**

mercancía funcionaba recipiente carnada esbelto piezas

1. La ____________________ sirvió para atrapar al ladrón.
2. El reloj de la torre era el único que ____________________.
3. El ____________________ es muy grande.
4. La ____________________ se transporta en un camión.
5. La vajilla de mi mamá tiene 56 ____________________.
6. El jinete es muy ____________________.

▶ **Escribe de las palabras del vocabulario la que corresponda a cada una de las siguientes palabras.**

7. artículo ____________________
8. esbelto ____________________

▶ **Escribe de las palabras del vocabulario la que tenga un significado *contrario* al de las siguientes palabras.**

9. esbelto ____________________
10. funcionaba ____________________

Escribe un párrafo sobre los relojes en tu casa utilizando por lo menos dos palabras del vocabulario.

Nombre ______________________________

▶ **Después de leer el cuento *El misterio del tiempo robado* completa en el diagrama de Venn lo que era el pueblo sin reloj y con reloj. También di qué cosas no cambiaron.**

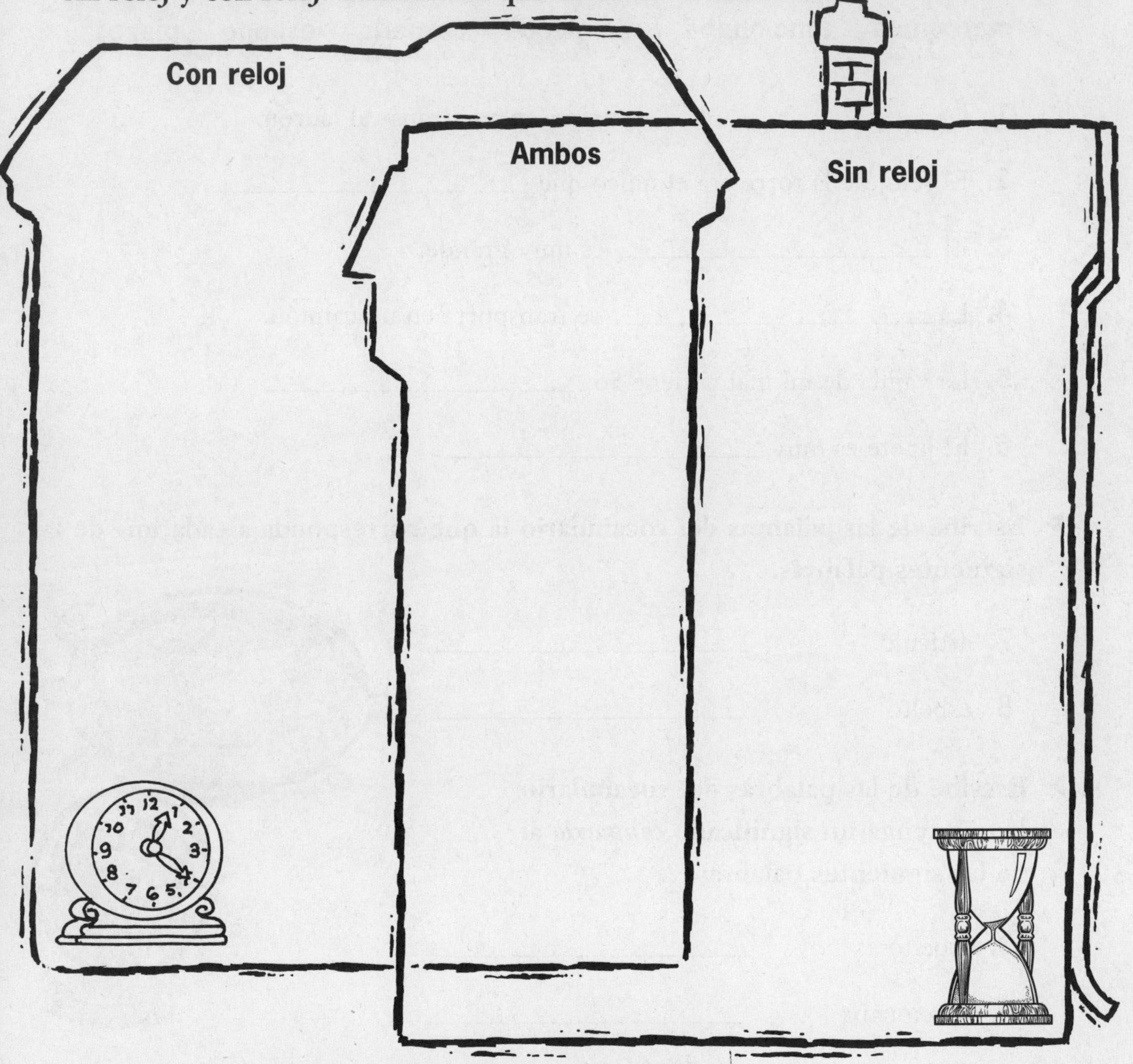

▶ **Describe brevemente la estrategia que utilizaron para descubrir quién había robado el reloj de la torre.**

____

____

____

Nombre ______________________________

▶ **Lee los siguientes párrafos y contesta las preguntas. Escoge la palabra o frase que mejor complete cada mensaje.**

Debemos apoyar los esfuerzos del alcalde para tener un día de limpieza general de la ciudad. Podemos recoger basura y cortar la hierba del parque. El área de juegos necesita ser pintada. La cerca necesita ser reparada. Algunos de estos proyectos requieren dinero pero será dinero bien gastado. Un parque limpio y bien arreglado es importante. ¡Mostremos nuestro orgullo y limpiemos nuestro parque y nuestra ciudad!

1. El autor quiere ____________________ a los lectores.

entretener **informar** **persuadir**

2. El autor piensa que un día de limpieza es una ____________________ idea.

buena **mala** **fuera de lo común**

3. Probablemente el autor piensa que la gente debería ____________________ ____________________.

gastar más dinero en sus parques **tratar de ahorrar dinero** **no hacer nada**

Tener un día de limpieza general de la ciudad no es una buena idea. Mucho del trabajo de pintura y otro tipo de trabajo que necesita el parque puede ser pagado con donaciones privadas. Nosotros no deberíamos gastar el dinero de la ciudad de esta forma. El dinero debería ser gastado en la reparación de las calles. Las calles están desniveladas y algunos de los hoyos son tan grandes que resultan peligrosos. Calles parejas son importantes para la comodidad y seguridad de los que habitamos esta ciudad.

4. El autor quiere ____________________ a los lectores.

entretener **informar** **persuadir**

5. El autor piensa que un día de limpieza es una ____________________ idea.

buena **mala** **fuera de lo común**

6. El autor probablemente cree que ____________________.

los parques están suficientemente limpios
la seguridad es importante **las ciudades están limpias**

INTÉNTALO Vuelve a leer ¡Fuego! Con un compañero escriban cuál creen que es el punto de vista del autor acerca de los bomberos. Enumeren los detalles que los ayudaron a pensar esto.

Nombre ______________________________

▶ **Lee el siguiente párrafo. Luego escoge la respuesta que mejor complete cada oración. Marca la letra para la respuesta correcta.**

Entre 1920 y 1930 las familias de los granjeros no tenían una vida muy fácil. Todos trabajaban, incluso los niños. Los niños mayores trabajaban con los ayudantes en los campos y los menores tenian quehaceres alrededor de la casa. Había poco tiempo para jugar y muchas familias no tenían dinero para algo más que comida y ropa. Los días empezaban temprano, con quehaceres en la granja que debían hacerse antes de que el sol saliera. Los días largos de trabajo, tratando de incrementar la cosecha para mantener a la familia, eran agotadores y no siempre gratificantes.

1 Probablemente este autor ______.

A disfrutaría de haber vivido en el campo entre los años 1920 y 1930

B está contento de no haber vivido en el campo entre los años 1920 y 1930

C disfruta de los quehaceres de la granja

D hubiera querido ser granjero

2 Probablemente el propósito del autor es ______.

F entretener

G persuadir

H entretener y persuadir

J informar

3 Probablemente el autor quiere que los lectores ______.

A se olviden de cómo era la vida hace tiempo

B se muden al campo

C aprecien a familias granjeras

D aprendan a cosechar

4 Probablemente el autor estaría de acuerdo con que ______.

F la vida en la granja era divertida

G la vida en la granja era difícil e incómoda

H más gente debería vivir en granjas

J la vida era mejor entre los años 1920 y 1930 de lo que es ahora

5 La perspectiva del autor puede depender de ______.

A si es que ha vivido en una granja

B donde se fue de vacaciones

C de donde vinieron sus antepasados

D el número de miembros de su familia

Clave de respuestas

1 Ⓐ Ⓑ Ⓒ Ⓓ
2 Ⓕ Ⓖ Ⓗ Ⓙ
3 Ⓐ Ⓑ Ⓒ Ⓓ
4 Ⓕ Ⓖ Ⓗ Ⓙ
5 Ⓐ Ⓑ Ⓒ Ⓓ

Nombre ______________________________

▶ **Observa las siguientes fuentes de referencia. Luego escoge la que debes utilizar para contestar cada pregunta.**

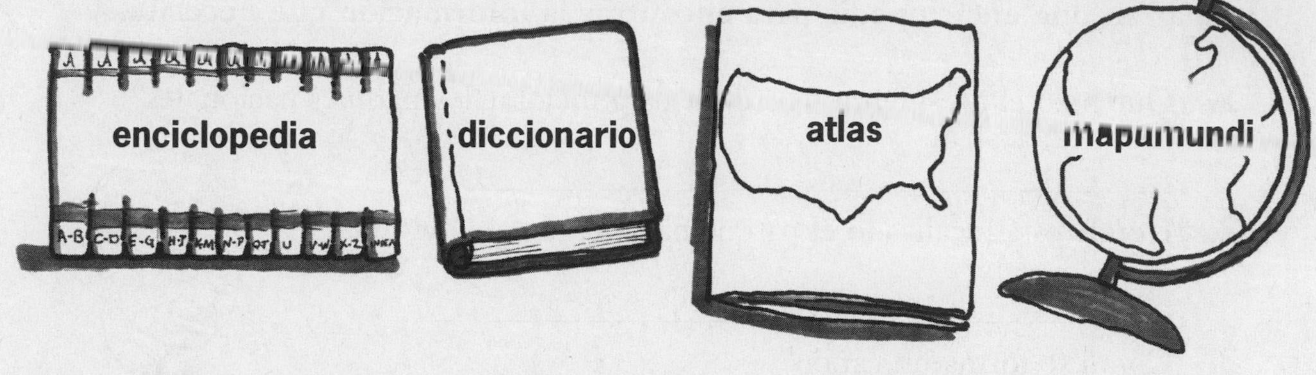

1. ¿Qué carretera cruza Houston, Texas?

____

2. ¿Cuál es la pronunciación correcta de la palabra *alfabetización*?

____

3. ¿Qué países sudamericanos están al norte del Ecuador?

____

4. ¿Dónde se construyeron las primeras bibliotecas públicas?

____

5. ¿Por cuál obra es reconocido Horace Mann?

____

6. ¿Qué quiere decir la palabra *banderola*?

____

7. ¿Qué punto de la tierra es exactamente el opuesto al sitio en donde tú vives?

____

8. ¿Qué distancia hay de Dallas a New Orleans?

____

9. ¿Cuál es la principal cosecha de Oklahoma?

____

10. ¿Cuál es el origen de la palabra *despilfarrar*?

____

Nombre ________________________________

▶ **Ayuda a Darcy a terminar su reporte sobre los parques nacionales. Escribe la palabra o palabras clave que ella deberá buscar en una enciclopedia para encontrar la información que necesita.**

1. ¿Qué hizo el presidente Roosevelt para mejorar los parques nacionales?

____

2. ¿Dónde está localizado el parque nacional de Yellowstone?

____

3. ¿Cómo se forma un cañón?

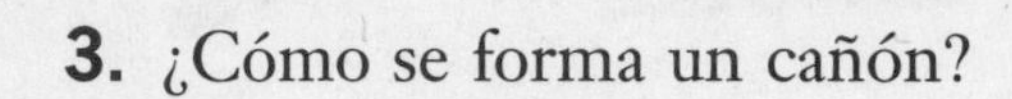

____

4. ¿Cuál es el parque nacional más grande del país?

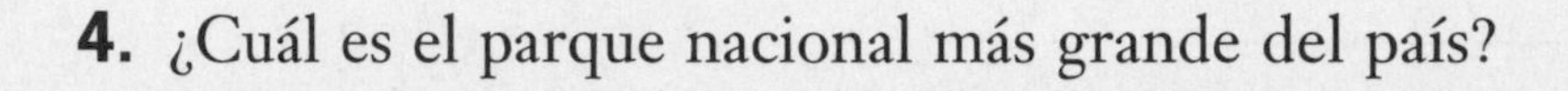

____

5. ¿Quién fue John Muir?

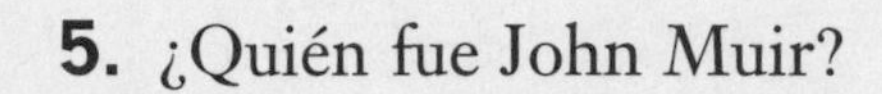

____

6. ¿Qué consejos son buenos para tomar fotografías en parques nacionales?

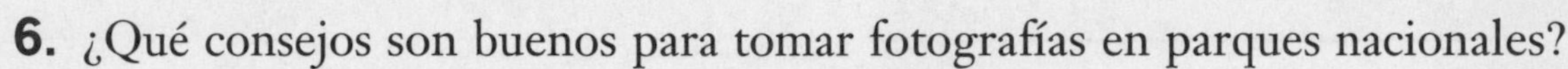

____

7. ¿Qué profundidad tiene el Gran Cañón?

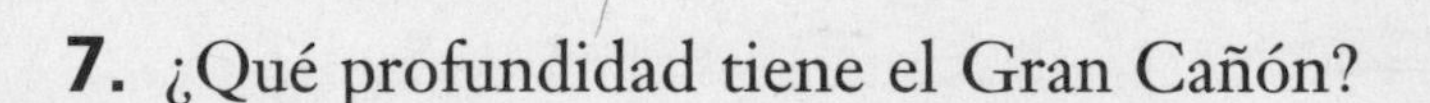

____

8. ¿Cómo se llamaba anteriormente el parque nacional Denali?

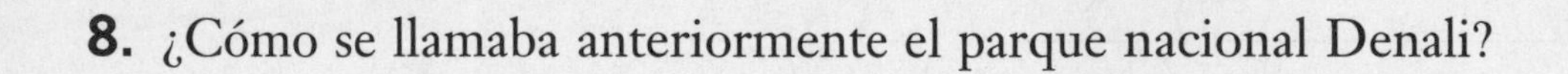

____

9. ¿Quién fue el primero en explorar las Cavernas Carlsbad?

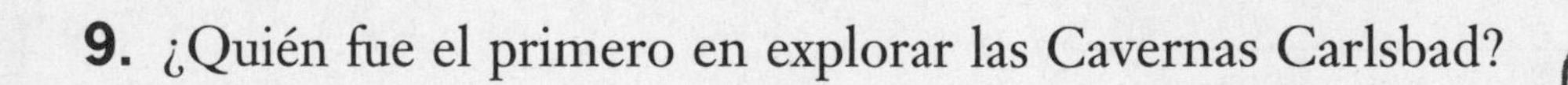

____

10. ¿Quién construyó los acantilados del parque nacional de Mesa Verde?

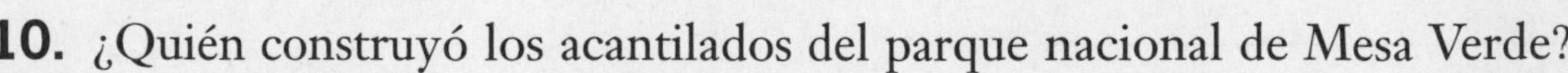

____

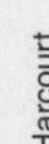

INTÉNTALO Lee un artículo de una revista o un libro de no ficción. Haz una lista de preguntas acerca del tema. Luego escribe la palabra o palabras clave que te ayudarán a encontrar la información que buscas en una enciclopedia.

Nombre ______________________________

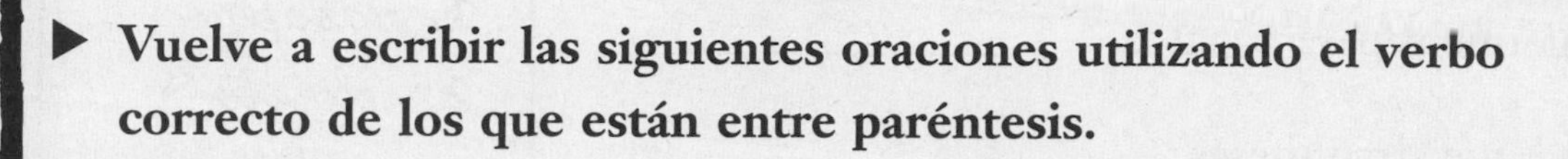

▶ **Vuelve a escribir las siguientes oraciones utilizando el verbo correcto de los que están entre paréntesis.**

1. El reloj no **(funcionaron, funcionó)** bien por mucho tiempo.

____

2. Clotilde y Herminia **(trabajaste, trabajaron)** juntas en la relojería.

____

3. Clarita **(caminó, caminé)** de la escuela a su casa sin saber la hora.

____

4. Jaime y sus amigos **(ideó, idearon)** una estrategia excelente.

____

▶ **Escribe el pretérito de los verbos que están entre paréntesis para completar cada oración.**

5. El relojero ____________________ el reloj de la torre que estaba descompuesto. **(reparar)**

6. Los niños ____________________ en casa del relojero. **(comer)**

7. Carmencita y Juanita ____________________ el té a las cinco de la tarde. **(tomar)**

8. Jaime ____________________ por el vecindario. **(caminar)**

Con un compañero del salón escriban un párrafo describiendo lo que vieron en el camino de la casa a la escuela. Usen verbos regulares en el pretérito.

Nombre ____________________

▶ **Escoge la palabra de ortografía que corresponda a las siguientes claves.**

1. persona que viaja ____________
2. persona que repara zapatos ____________
3. persona que sirve mesas ____________
4. es la número 3 en la lista ____________
5. persona que cuida niños ____________
6. que está completo ____________

PALABRAS DE ORTOGRAFÍA

1. pasajero
2. relojero
3. cordillera
4. primero
5. viajero
6. entero
7. zapatero
8. granjero
9. tercera
10. panadero
11. flojera
12. ganadero
13. crucero
14. niñera
15. frutera
16. mesera

▶ **Usa las palabras de ortografía que mejor completen las siguientes oraciones.**

7. Roberto fue el ____________ en llegar a la meta.
8. Casimira tenía mucha ____________.
9. Mis padres harán un viaje en un ____________.
10. Mi hermano Francisco es el ____________ de la familia.
11. El ____________ fue a comprar veinte gallinas.
12. El ____________ tiene una bella colección de relojes.

Caligrafía: Cuando escribas la combinación de letras *-ero, -era* asegúrate de separar las *r* de las vocales contiguas. Practica con las siguientes palabras de ortografía.

viajero

13. ganadero ____________
14. frutera ____________
15. panadera ____________
16. cordillera ____________

Nombre ______________________________

▶ **Lee las palabras del recuadro. Luego escoge las que sean apropiadas para reemplazar las palabras subrayadas del siguiente párrafo.**

choza	**tedioso**	**remolino**
cordialmente	**melancólica**	**matutino**

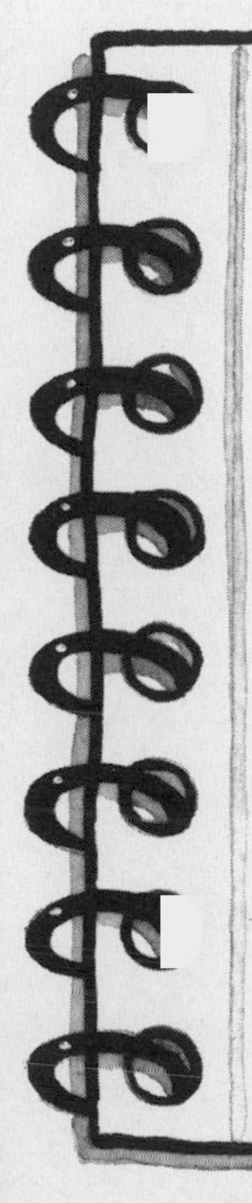

Soplaba un viento matinal **(1)** ____________________ cerca de nuestra cabaña **(2)** ____________________. Nunca nos imaginamos que se convertiría en un ciclón **(3)** ____________________. Afortunadamente no hubo desgracias. Los vecinos abrieron afectuosamente **(4)** ____________________ las puertas de sus hogares a algunos desfavorecidos por el temporal. Se veía gente con preocupación y una niña triste **(5)** ____________________ nos tocó la puerta, preguntando si habíamos visto a su hermanito. El clima aburrido **(6)** ____________________ de nuestro pueblo fue de esta manera sacudido por la naturaleza.

▶ **Emplea las palabras del vocabulario en una oración.**

7. A mi papá le gusta mirar el noticiero ____________________.

8. El ____________________ rompió las ramas de los árboles.

9. La ____________________ se desplomó ante nuestros ojos.

10. Roberto fue recibido ____________________ en casa de su novia.

11. El libro que me recomendó María me parece muy ____________________.

12. Mi abuela se sintió ____________________ al ver las fotos del abuelo.

INTÉNTALO

Escribe con un compañero acerca de tu primer día de clases. Narren algún acontecimiento importante y cuéntenos como se sintieron. Usen al menos tres palabras del vocabulario.

Nombre ______________________________

Recordatorio de la estrategia **propósito = entretener, informar o persuadir** **perspectiva = opinión o actitud**

▶ **Lee cada párrafo. Luego escribe tu respuesta correcta.**

El reporte de Rafael

El sapo cornudo es un animal que nadie desearía tocar. Verlo da miedo, con cuernos en la cabeza y espinas en todo el cuerpo. Tiene una mirada maléfica cuando lo molestan. Si encuentras un sapo cornudo ¡déjalo solo!

1. El principal propósito de Rafael es

______________________________.

informar **entretener** **persuadir**

2. Rafael probablemente ____________

______________________________.

le gustan los sapos cornudos
le tiene miedo a los sapos cornudos
sabe mucho acerca de lagartijas

3. Rafael probablemente está de acuerdo de que a las criaturas extrañas

______________________________.

pueden ser útiles
son realmente bonitas
deben dejarse solas

El reporte de Roberto

El sapo cornudo es una pequeña criatura inofensiva. Es un poco fea con sus espinas, pero no es ofensiva. Las espinas son para protegerse de sus enemigos. No dejes que su mirada maligna te engañe. El sapo cornudo nunca te haría daño.

4. El principal propósito de Roberto es

______________________________.

informar **entretener** **persuadir**

5. Roberto probablemente ____________

______________________________.

le gustan las criaturas hermosas
no juzga a las criaturas por su apariencia
piensa que las lagartijas son feas

6. Roberto probablemente está de

acuerdo en que ____________

______________________________.

las criaturas desagradables son malas
las apariencias pueden engañarte
las lagartijas no son útiles

INTÉNTALO Con un compañero piensen en un insecto u otra criatura desagradable ¿Les gusta la criatura o no? Escriban un párrafo para persuadir a los lectores a estar de acuerdo contigo.

Nombre ______________________________

Recordatorio de la estrategia **Para decodificar una palabra larga, busca el prefijo, sufijo o la palabra que reconozcas dentro de esta palabra.**

▶ **Lee un artículo del periódico. Completa la gráfica escribiendo sufijos, prefijos o palabras que reconozcas dentro de esta palabra para indicar la estrategia o estrategias usadas para decifrar el significado de cada palabra. Escribe el significado de las palabras sacándolas de las frases del rectángulo.**

Estudiantes talentosos divierten a una muchedumbre

Los estudiantes de cuarto grado de la escuela Cedar Park hicieron una presentación <u>extraordinaria</u> en el parque de la ciudad. Tres niñas cantaron juntas, sus voces se mezclaron en <u>armoniosos</u> tonos. Muchos estudiantes presentaron sus propias <u>composiciones</u> para guitarra y tambores. Un joven tocó la <u>gaita</u>. Por más de una hora la música <u>resonó</u> a través del parque.

instrumentos musicales hechos de una bolsa y muchos tubos
tener agradable armonía **mejor que lo normal**
música que se compone **eco con sonido**

Palabra	Estrategia	Significado
1. extraordinaria	______________________	______________________
	______________________	______________________
2. armoniosos	______________________	______________________
	______________________	______________________
3. composiciones	______________________	______________________
	______________________	______________________
4. gaita	______________________	______________________
	______________________	______________________
5. resonó	______________________	______________________
	______________________	______________________

Nombre ______________________________

▶ **Antes de leer, completa la gráfica de predicciones escribiendo lo que tu crees que pasará. Después de leer, escribe qué pasó realmente.**

Lo que predije que pasaría	Lo que pasó realmente

▶ **Escribe un resumen de una oración diciendo como la Srta. Peterson hace que Janey cambie su mala actitud.**

____

____

____

Nombre ____________________

▶ **Lee las siguientes definiciones. Escribe el significado de cada palabra subrayada según está usada en cada oración.**

segundo: (a) unidad breve de tiempo; **(b)** el que viene después del primero
cara: (a) el rostro de una persona; **(b)** algo que cuesta mucho dinero
palma: (a) el centro de la mano; **(b)** un árbol tropical
gato: (a) animal mamífero; **(b)** aparato para levantar un automóvil
sobre: (a) arriba de algo; **(b)** cartera de papel

1. La oficina de la Srta. Peterson está en el segundo piso.

   ____

2. Mi papá no pudo cambiar la llanta, alguien había sacado el gato del automóvil.

   ____

3. Hacía un segundo que habías salido de casa, cuando llegó Ricardo a buscarte.

   ____

4. Hay personas que leen la palma de la mano.

   ____

5. El periódico está sobre la mesa.

   ____

6. A Juan le gustaría tener un gato como mascota.

   ____

7. Macaria tiene una cara muy bonita.

   ____

8. Pon esta carta en un sobre para mandarla por correo.

   ____

9. La palma es un árbol que da mucha sombra.

   ____

10. La blusa que quieres comprar está excesivamente cara.

    ____

LA ESCUELA Y LA CASA Con su hijo empiece una lista de palabras que usted escuche o vea que tienen más de un significado. Mantenga la lista en un lugar donde ambos puedan agregar más palabras.

Nombre ______________________________

El sauce azul

Ampliación del vocabulario: Connotación/ Denotación

▶ ***Denotación* es el significado exacto o de diccionario de una palabra. *Connotación* es el significado que sugiere una palabra. Lee cada par de oraciones. Luego completa las oraciones que siguen.**

Cuando nos mudamos a la granja, mi papi construyó una pequeña cabaña para que viviéramos. Al lado de la hermosa casa de nuestros vecinos parecía una choza.

1. Menciona dos palabras que denoten *casas pequeñas.* ______________

2. ¿Cuál de las dos palabras que escribiste connotan *algo que no te gusta*?

____

3. ¿Tiene la palabra *mansión* una connotación negativa o positiva? ______________

La tela de este vestido viejo está gastada. Se ve andrajoso comparado con mi otra ropa.

4. ¿Cuáles dos palabras denotan *desastrado*? ______________

5. ¿Cuál de las dos palabras que escribiste connota *extremadamente desastrado*?

____

6. ¿Tiene la palabra *elegante* una connotación negativa o positiva? ______________

Esta mañana mientras estaba lavando los platos, rompí el plato favorito de mi mamá. Estaba muy molesta cuando se hizo añicos en el piso.

7. ¿Cuáles dos palabras denotan *quedar destrozado*? ______________

8. ¿Cuál de las dos palabras que escribiste connotan

en muchos pedazos? ______________

9. ¿Tiene la palabra *arreglar* una connotación negativa o positiva? ______________

My abuela estaba feliz cuando nos vio llegar. Estaba encantada de ver que traíamos al perro también.

10. ¿Cuáles dos palabras denotan *estar contento*? ______________

11. ¿Cuál de las palabras que escribiste connotan *extremadamente contento*?

____

12. ¿Tiene la palabra *miserable* una connotación negativa o positiva? ______________

Nombre ____

▶ **Lee las oraciones siguientes y escribe el pretérito del verbo entre paréntesis.**

1. Los trabajadores inmigrantes no ________________ cruzar la frontera. **(poder)**
2. El verano pasado ________________ a California. **(ir)**
3. María también ________________ con nosotros. **(venir)**
4. Los niños ________________ la verdad. **(decir)**
5. María y Carlos ________________ a poner una demanda. **(ir)**
6. La abuela nunca ________________ la verdad. **(saber)**
7. Yo no ________________ cuando nieva. **(conducir)**
8. José ________________ la lección. **(traducir)**
9. Anita y yo ________________ de buen humor. **(estar)**
10. Mis amigos ________________ historietas en el libro de español. **(leer)**
11. Manuel ________________ un viaje a España. **(hacer)**
12. Los alumnos de la clase de literatura ________________ que ir a la biblioteca. **(tener)**

Con un compañero piensen en dos verbos irregulares en el pretérito. Escriban dos oraciones utilizándolos.

Nombre ______________________________________

▶ **Completa las siguientes oraciones con la palabra de ortografía que corresponda.**

PALABRAS DE ORTOGRAFÍA

1. camisa
2. blusa
3. saco
4. chaqueta
5. pantalón
6. vestido
7. chamarra
8. abrigo
9. sombrero
10. falda
11. cinturón
12. gorra
13. camiseta
14. calcetines
15. traje
16. pijama

1. Le regalé a mi hermano una ______________ blanca.

2. María lleva un ______________ nuevo.

3. Esa ______________ te queda grande.

4. A un ______________ se le puede decir *pantalones*.

5. La ______________ es para el invierno.

6. Hace buen tiempo y no necesito el ______________.

7. Mi papá usa un ______________ en el campo.

8. Yo prefiero usar ______________ corta.

9. ______________ es una palabra femenina.

10. ¿Usas ______________ algunas veces?

11. La ______________ va debajo de la camisa.

12. ¿Por qué andas sin ______________?

Caligrafía: **Cuando enlaces las vocales *a*, *o* y *e* con la letra *r* ten cuidado de que la *r* no parezca *i*. Practica con las siguientes palabras de ortografía.**

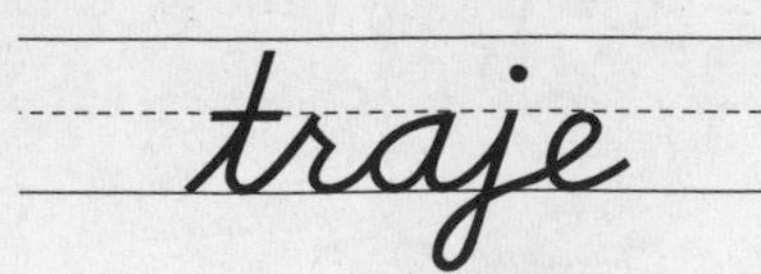

13. traje ______________________

14. cinturón ______________________

15. sombrero ______________________

16. gorra ______________________

Nombre ______________________________

▶ **Escoge palabras del recuadro siguiente para completar las siguientes oraciones.**

fomentar **fascinada** **provisiones** **parientes** **relleno** **diseñó**

1. Es necesario ______________ el arte en la gente joven.
2. El ______________ de los tamales estuvo riquísimo.
3. Marita ______________ los vestidos más artísticos.
4. Vamos a comprar ______________ para toda la semana.
5. Mis ______________ vendrán con nosotros a la exhibición de arte.
6. Estoy ______________ con tus obras de arte.

▶ **Escribe el sinónimo de las siguientes palabras.**

7. incentivar ______________
8. encantada ______________
9. dibujó ______________
10. familiares ______________

LA ESCUELA Y LA CASA Hable con su niño acerca de sus comidas favoritas, vacaciones y tradiciones familiares. Usa por lo menos dos palabras del vocabulario.

Nombre ______________________________

▶ **Completa el siguiente mapa de los personajes. Incluye información acerca de cada personaje.**

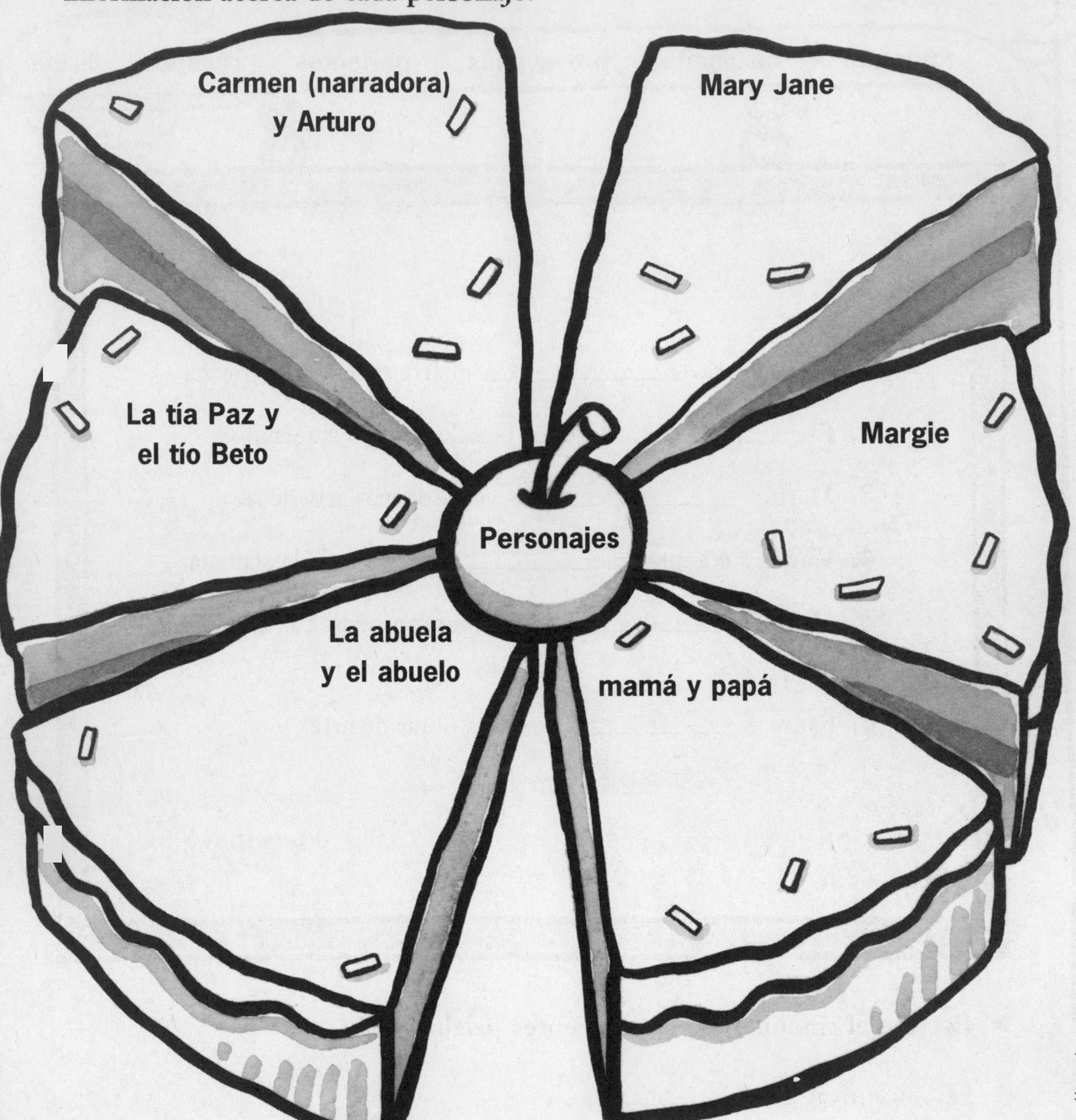

▶ **¿Cómo puedes saber que la familia de Carmen es muy unida?**

____

____

Nombre ______________________________

▶ **Hojea los siguientes párrafos. Luego contesta a las preguntas que están en la siguiente página.**

Viviendo en un castillo

¿Te puedes imaginar lo que es vivir en un castillo? Hace cientos de años los ricos terratenientes llamados nobles construyeron edificios fuertes donde ellos y la gente que vivía en la cercanía pudieran estar a salvo si atacaba el enemigo. Un tipo de castillo era el que estaba sobre un montículo de tierra. Tenía también un patio donde habían construcciones pequeñas.

El patio

Para protegerse de los enemigos, el patio estaba rodeado de un foso lleno de agua. Un puente de madera podía bajarse a través del foso para dejar entrar a la gente al patio. Dentro del foso, una cerca rodeaba al patio. Las construcciones y las cercas estaban hechas de madera. Algunas veces eran incendiadas por los enemigos que atacaban.

La comunidad dentro del castillo

El patio era en realidad un pequeño pueblo. Había una cuadra que servía de vivienda a los animales. Los cuarteles proporcionaban un sitio para los soldados del noble. La comida y otras provisiones eran almacenadas en un establo. Incluso podía haber una pequeña iglesia, una cocina y una panadería. Las fiestas ocurrían en el gran corredor. El patio podía estar muy lleno de sirvientes, trabajadores y soldados todos ocupados en sus quehaceres.

sigue

Nombre ______________________________

▶ **Después de hojear la información de la página anterior, escribe las respuestas a las siguientes preguntas. Escoge de las palabras o frases que están debajo de cada línea. Puedes regresar para hojear la información.**

1. Por los encabezamientos puedes decir que estos párrafos se refieren a ______________________.
   la vida en un castillo **cómo ser un caballero** **la vida en la frontera**

2. Para saber qué materiales se usaron para construir el patio, el lector debe dirigirse a la sección bajo el título ______________________.
   El patio **Viviendo en un castillo** **La comunidad dentro del castillo**

3. La sección *La comunidad dentro del castillo* probablemente será sobre ______________________.
   lo que comían los caballeros **cómo construir paredes** **actividades en el castillo**

4. Un patio era ______________________.
   una torre alta **un foso** **un lugar comunal**

5. El foso y el patio del castillo estaban hechos de ______________________.
   piedra **madera** **ladrillos**

6. Un noble era ______________________.
   un tipo de iglesia **un tipo de castillo** **un terrateniente adinerado**

7. Un foso era ______________________.
   un gran corredor **un puente** **un hoyo alrededor del patio**

8. Los soldados se quedaban en ______________________.
   un gran corredor **en un hoyo** **los cuarteles**

Nombre ______________________________

▶ **Completa las siguientes oraciones escogiendo el verbo que corresponde.**

1. Abuela ______________________ de compras con mi mamá. **(salir)**
2. Pedro ______________________ a toda la familia en el último almuerzo. **(ver)**
3. Marita ______________________ al baile. **(ir)**
4. Tessa y su hermana ______________________ tortillas para todos. **(hacer)**
5. Julia ______________________ mañana miércoles. **(venir)**
6. Carmencita ______________________ muchísimo. **(bailar)**
7. Nosotros ______________________ por teléfono. **(hablar)**
8. El invierno ______________________ muy frío. **(estar)**
9. El profesor te ______________________ para el puesto. **(recomendar)**
10. Me ______________________ cómoda en esta casa. **(sentir)**

Con un compañero de salón escriban un párrafo usando el pretérito imperfecto por lo menos tres veces.

Nombre ____

▶ **Completa las siguientes oraciones con la palabra de ortografía que corresponda.**

1. *fruta*
2. *carne*
3. *leche*
4. *verduras*
5. *pan*
6. *cereal*
7. *queso*
8. *mantequilla*
9. *galletas*
10. *pescado*
11. *pastel*
12. *jabón*
13. *refrescos*
14. *jugo*
15. *dulces*
16. *arroz*

1. Me gusta comer ______________ en la tarde.

2. Cuando tengo sed, tomo ______________.

3. Mi mamá me dice que debo comer ______________ todos los días.

4. Las ______________ son muy buenas para ti.

5. La ______________ es muy nutritiva.

6. Me gusta comer pan con ______________.

7. No te olvides de comprar ______________ cuando vayas al mercado.

8. Me encantan los ______________ que compro después de las clases.

9. No hay nada como el ______________ fresco de naranja.

10. Te traeré ______________ de chocolate para tu compleaños.

11. Comeré ______________ con leche en el desayuno.

12. Me gusta el sándwich de ______________ con jamón.

Caligrafía: Cuando escribas, recuerda hacerlo claramente, para que tus palabras se puedan leer con facilidad. Practica con las siguientes palabras de ortografía.

13. leche ______________________ **15.** jabón ______________________

14. pan ______________________ **16.** arroz ______________________

LA ESCUELA Y LA CASA La próxima vez que vaya a la tienda con su niño, pídale que haga oraciones con los productos de consumo diario que vea en la tienda.

Nombre ___________________________________

▶ **Lee las palabras que están en las ollas. Luego escoge las que correspondan a las siguientes definiciones.**

1. algo hecho sin todo lo necesario, sin planear ________________
2. algo muy dulce, como miel ________________
3. atados, sostenidos ________________
4. que produce fácilmente ________________
5. cosas que se ofrecen ________________
6. espacio generalmente redondo que suele haber en los jardines cercado con ramas y arbustos ________________

▶ **Escribe la palabra del vocabulario que complete cada oración.**

7. Me gusta poner ________________ en mis panqueques.
8. En mi jardín crecen flores porque la tierra es ________________.
9. Los bolsos no se caen porque están bien ________________.
10. No sé si podré ayudar y por eso no hago ________________.

INTÉNTALO Imagina que eres un pionero en otro planeta. Describe lo que ves, lo que oyes y cómo vives. Usa por lo menos dos palabras del vocabulario.

Nombre ______________________________

He oído hablar de una tierra

Fuentes de referencia

Estudios sociales

Recordatorio de la estrategia: **Usa enciclopedias, diccionarios, mapamundis y globos terráqueos para encontrar la información que necesites.**

▶ **Ayuda a Molly a preparar un reportaje sobre Oklahoma. Al lado de cada pregunta escribe dónde tiene que buscar la información. Escoge de las palabras del siguiente recuadro.**

enciclopedia	diccionario	mapamundi	globo terráqueo

1. ¿Qué estado está al lado de Oklahoma? ______________________
2. ¿Cuándo se creó el estado de Oklahoma? ______________________
3. ¿A qué distancia de mi casa está el estado de Oklahoma? ______________________
4. ¿Qué se cultiva en Oklahoma? ______________________
5. En el mundo, ¿qué lugar está al lado opuesto de Oklahoma? ______________________
6. ¿Qué tan grande es Oklahoma? ______________________
7. ¿Cuántas personas viven en Oklahoma? ______________________
8. ¿Qué carreteras atraviesan Tulsa, Oklahoma? ______________________
9. ¿Cuáles son algunas fechas importantes en la historia de Oklahoma? ______________________
10. ¿Tiene Oklahoma lagos y ríos? ______________________

Planea un reportaje sobre tu estado. Haz una lista de la información que necesitarás y dónde puedes encontrarla.

Nombre ______________________________

Recordatorio de la estrategia: **Una generalización es una conclusión basada en la información que da el autor.**

▶ **Lee el siguiente pasaje del diario de Lizzie sobre las experiencias que tuvo su familia como colonos. Escribe *válida* o *inválida* al lado de cada generalización.**

Nunca me olvidaré de lo azul y brillante que era el cielo de Oklahoma cuando yo era niña. El primer año que mi familia vivió en nuestro terreno casi no llovió. La tierra parecía de piedra y era muy difícil trabajarla y cultivarla. Miramos el cielo por semanas esperando que lloviera para que cayera agua en las semillas y crecieran. Fueron tiempos difíciles. No tuvimos cosecha el primer año así que no tuvimos nada para vender y así poder comprar lo que necesitábamos. Menos mal que Mamá había plantado una huerta de vegetales. Su huerta estaba cerca de nuestro pozo y así podíamos regarla. Los frijoles, los guisantes y las papas eran suficientes para alimentarnos. El segundo año fue mucho mejor. Papá tuvo una buena cosecha y nosotros, los niños, ¡hasta tuvimos zapatos nuevos!

Generalización	Válida o inválida
1. Nunca llueve en Oklahoma.	____________
2. La tierra se pone dura cuando está seca.	____________
3. Los colonos no tenían zapatos.	____________
4. Los colonos necesitaban lluvia para las cosechas.	____________
5. Los años secos hicieron las cosas más difíciles para los colonos.	____________
6. Todos los colonos cultivaron huertas.	____________
7. Las huertas ayudaron a dar de comer a los colonos.	____________
8. Siempre hace calor en Oklahoma.	____________
9. Todos los colonos eran felices.	____________
10. El tiempo les era importante a los colonos.	____________

Nombre ______________________________

▶ **Completa el diagrama.**

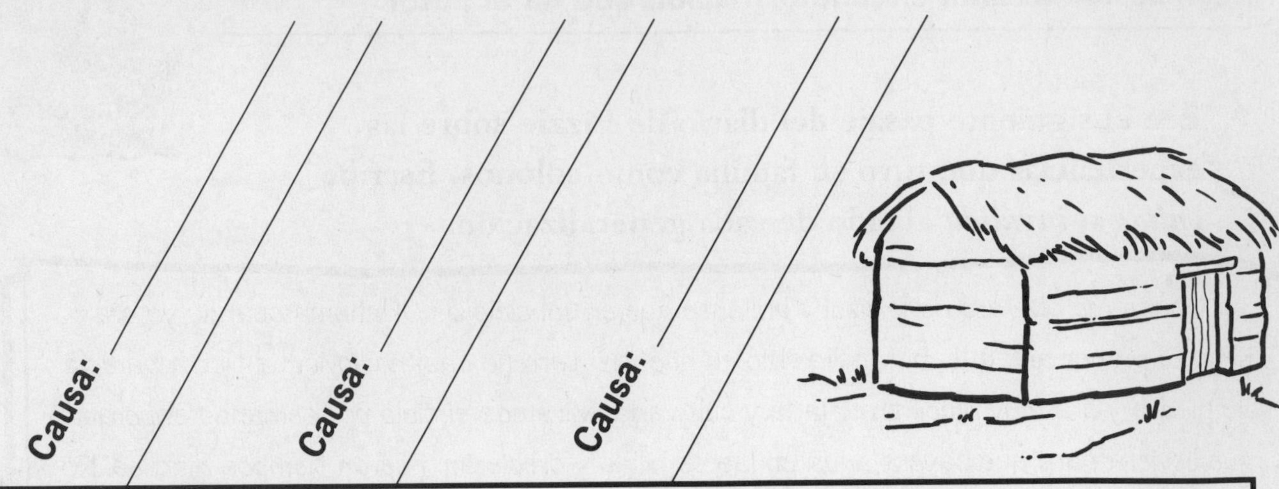

Efecto: La narradora reclama tierras en el territorio de Oklahoma.

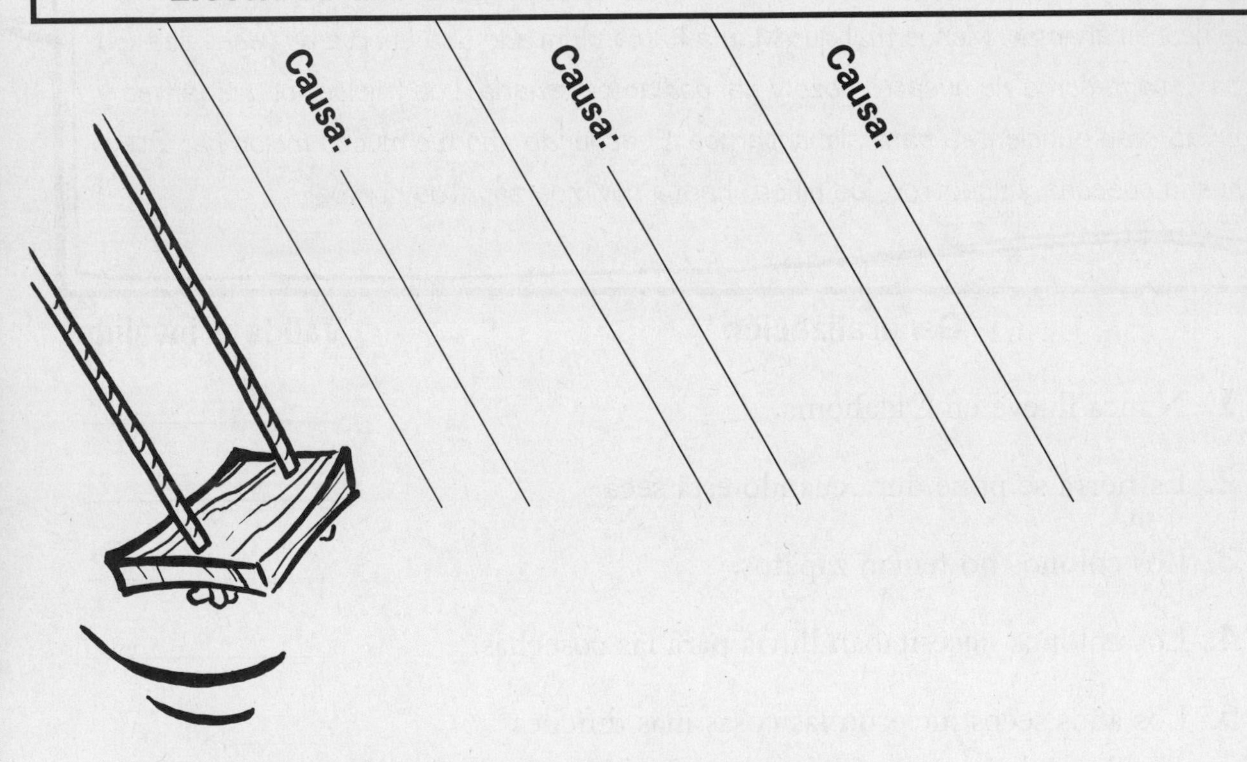

▶ **Escribe un resumen de la lectura en una oración.**

____

____

____

____

Nombre ______________________________

▶ **Lee las palabras y sus definiciones. En cada oración, usa las claves del contexto para ayudarte a decidir lo que significa la palabra subrayada en cada oración. Luego escribe la definición de la palabra.**

Palabra	Definición 1	Definición 2
tronco	tallo fuerte y macizo de los árboles y arbustos	parte del cuerpo humano o de un animal, sin incluir la cabeza y las extremidades
sierra	cordillera de montañas	instrumento para cortar madera
grillos	insectos que producen un sonido agudo y monótono	conjunto de dos grilletes unidos por una cadena que se colocaban en los pies de los presos para impedirles andar
lista	persona que asimila y comprende las cosas con facilidad, inteligente	relación o enumeración de cosas o personas

1. Todas las noches oigo a los grillos desde mi dormitorio. ______________
2. ¿Será necesario cortar el tronco de ese árbol? ______________
3. ¡Qué lista es esa muchacha! ______________
4. Hay nieve en la sierra del Perú. ______________
5. Pon tu nombre en la lista de tu clase. ______________
6. Me duele todo el tronco del cuerpo. ______________
7. Pásame la sierra, por favor. ______________
8. Ya no se usan grillos en las cárceles. ______________

INTÉNTALO

Busca en un diccionario una palabra que te sea desconocida y que tenga más de un significado. Haz una oración con cada significado.

Nombre ______________________________

▶ **Lee cada oración. Escoge la respuesta que refleja el significado de la palabra subrayada como está usada en la oración. Marca la letra que corresponda a esa respuesta.**

1 Me encanta tomar café en las mañanas.

Ⓐ color marrón o pardo

Ⓑ restaurante

Ⓒ bebida de color oscuro y sabor amargo

Ⓓ caja

2 La lengua española es muy interesante y complicada.

Ⓕ idioma

Ⓖ órgano situado en el interior de la boca

Ⓗ distancia

Ⓙ hablar mucho

3 Ponte en cola para comprar las entradas.

Ⓐ rabo de un animal

Ⓑ pasta para pegar

Ⓒ fila o hilera de personas que esperan su turno para algo

Ⓓ bebida oscura

4 José trabaja en la planta baja de ese edificio.

Ⓕ ser orgánico que vive y crece

Ⓖ nivel o piso de una construcción

Ⓗ parte inferior del pie

Ⓙ árbol

5 Marta ya compró su pasaje a Chile.

Ⓐ billete para un viaje

Ⓑ paso de un lugar a otro

Ⓒ fragmento de una obra

Ⓓ paso estrecho entre dos calles

6 Se me perdió mi anillo de plata.

Ⓕ dinero

Ⓖ medalla

Ⓗ material sólido metálico

Ⓙ pintado

7 Me queda el dinero justo para pagar la renta.

Ⓐ hacer lo correcto

Ⓑ apretado

Ⓒ exacto en número o medida

Ⓓ sobrante

Nombre ____________________

▶ **Escribe la palabra que significa lo mismo que la palabra subrayada.**

1. Me gustan mis hojuelas con mantequilla y miel.

Las *hojuelas* probablemente son ____________________.

galletas **panqueques** **tortillas**

2. Iré a la tienda a comprar leche, fruta y verduras.

La *tienda* probablemente es un ____________________.

restaurante **supermercado** **factoría**

3. Me encanta preparar pasteles con mi mamá.

Los *pasteles* probablemente son ____________________.

vestidos **tortas** **artesanías**

4. Me gusta comer plátanos todos los días.

Los *plátanos* probablemente son ____________________.

bananas **quesos** **miel**

5. La palta es muy sabrosa.

La *palta* probablemente es un ____________________.

plátano **arroz** **aguacate**

6. Pásame el tazón de sopa.

El *tazón* probablemente es un ____________________.

plato sopero **balde** **mesa**

7. Tobías se puso bravo al saber que no jugaría en el equipo de soccer.

Se puso *bravo* probablemente es ____________________.

alegrarse **saltar** **enfadarse**

8. Roberto es muy guapo e inteligente.

Guapo probablemente quiere decir ____________________.

buenmozo **atrevido** **aburrido**

INTÉNTALO

Pregunta a tu familia, amigos y profesores acerca de palabras que son del lugar donde vives. Haz una lista de estas palabras.

Nombre ______________________________

▶ **Lee las siguientes oraciones. Subraya el verbo y encierra en un círculo el adverbio que lo describe. Luego di si es un adverbio de modo, de lugar o de tiempo.**

1. Mi perro Fido vino corriendo. ______________

2. Fido bebió rápidamente el agua. ______________

3. Teresita estuvo aquí hace una hora. ______________

4. Mañana montaré mi bicicleta. ______________

5. Las chicas comen rápidamente porque quieren ver televisión. ______________

6. Las enfermeras nunca descansan. ______________

7. Por favor, anda abajo y trae a mis bebés. ______________

8. Marisa lee el libro lentamente. ______________

▶ **Vuelve a escribir las siguientes oraciones. Añade un adverbio que dé la información entre paréntesis ( ).**

9. Carolina tomó una siesta. **(cuándo)**

____

____

10. Los niños descansan. **(dónde)**

____

____

INTÉNTALO Busca fotografías en las que aparezcan tus amigos. Con un compañero de salón describan las expresiones de sus amigos. Aquí tienes dos ejemplos: *Pedro siempre sonríe. Emma come rápidamente.*

Nombre ______________________________

He oído hablar de una tierra

Palabras que terminan en *-oso, -osa*

▶ **Cada una de las siguientes oraciones contiene una palabra de ortografía que no está escrita correctamente. Identifica la palabra y luego escríbela correctamente.**

1. Ana vive en una casa muy esacipoas. ______________

2. Ese comediante es muy cisthoso. ______________

3. Marylin Monroe fue una actriz amfosa. ______________

4. El pastel estuvo elicdioso. ______________

5. Mi coche es ridosuo. ______________

6. Pedrito es un bebé ermhoso. ______________

7. Mi perrito es muy ceosol. ______________

8. Tere quiere saberlo todo, es muy criuosa. ______________

9. La reina de España tiene un collar muy vaioslo. ______________

10. Julián no quiere hacer su tarea, es muy peezroso. ______________

11. Este melocotón está muy jusogo. ______________

12. Hay que ser muy cdauidoso al manejar. ______________

PALABRAS DE ORTOGRAFÍA

1. perezoso
2. valioso
3. delicioso
4. jugoso
5. sabroso
6. hermoso
7. chistoso
8. famosa
9. cuidadoso
10. ruidoso
11. lujoso
12. luminoso
13. celoso
14. grasosa
15. espaciosa
16. curiosa

Caligrafía: **Cuando escribas la letra *s* asegúrate de hacerlo claramente y conectándola con las letras contiguas. Practica con las siguientes palabras.**

valioso

13. sabroso ______________ **15.** luminoso ______________

14. lujoso ______________ **16.** grasosa ______________

Nombre ______________________________

▶ **Lee las siguientes palabras y úsalas para completar las oraciones.**

ordeñar tropiezos germina asomada instruirse carioca

Pepino es un personaje muy especial. Es pequeño pero muy inteligente y emprendedor. A pesar de tener muchos

(1) ________________ en su vida, él sigue adelante con energías

y ansias de **(2)** ________________. **(3)** ________________ vacas no es una de sus actividades preferidas. A él le gustan más los libros y tener experiencias interesantes. Tiene una amiga que es una pulga muy

instruida que siempre está **(4)** ________________ de la ropa de otras personas. Se conocieron en la escuela, en el laboratorio de ciencias, cuando

Pepino hacía un experimento observando como **(5)** ________________ una semilla. En Río de Janeiro conocen a una pulga

(6) ________________ que los acompaña en sus aventuras.

▶ **Escribe la palabra del vocabulario que signifique *lo mismo* que cada una de las siguientes palabras.**

9. brota, nace ________________

10. aprender, educarse ________________

11. contratiempos, problemas ________________

12. sacar leche de la vaca ________________

Inventa una historia acerca de una aventura que Pepino haya tenido durante su viaje. Usa por lo menos dos palabras del vocabulario.

Nombre ______________________________

Recordatorio de la estrategia: **Algunas palabras tienen más de un significado. Usa las claves del contexto para descifrar el significado de las palabras en las oraciones.**

▶ **Escribe el significado de cada una de las palabras subrayadas. Escoge de los significados del recuadro.**

chino: **(a)** idioma que se habla en la China; **(b)** rizo de pelo
contar: **(a)** numerar cosas; **(b)** narrar un suceso
costar: **(a)** tener un determinado precio; **(b)** ocasionar una molestia o perjuicio
claves: **(a)** instrumento musical consistente de dos palitos; **(b)** código de signos para un mensaje secreto
tocar: **(a)** palpar; **(b)** hacer sonar un instrumento musical de acuerdo a ciertas reglas
segundo: **(a)** que ocupa el número dos; **(b)** unidad básica de tiempo
uniforme: **(a)** que no cambia en sus características; **(b)** traje distintivo que es igual para todos los que hacen una misma actividad

1. No entendí lo que la profesora decía, fue como si hablara en chino.
   ____
2. Todos los oficiales de la marina tienen el mismo uniforme azul.
   ____
3. Un minuto tiene sesenta segundos. ______________________________
4. ¿Me vas a contar una historia interesante? ______________________________
5. Ese vestido te va a costar muchísimo dinero. ______________________________
6. A Pepino le gustaba el sonido de las claves. ______________________________
7. Me gustaría que aprendieras a tocar el piano.
   ____

INTÉNTALO

Escribe una historia usando las palabras subrayadas de esta página.

Nombre ____________________

▶ **Antes de leer la historia y mientras la lees, completa la siguiente tabla de predicciones escribiendo lo que crees que pasará. Después de leer la historia escribe lo que en realidad sucede.**

▶ **Resume en una oración la relación entre Pepino y Clotilde.**

____

____

____

Nombre ____

▶ **Lee la siguiente historia. Luego escribe *sí* o *no* al lado de cada oración para indicar si el lector puede hacer la inferencia correctamente.**

Estaba parado en mi cabaña, mirando a través de la ventana la pila de leña que acababa de cortar, cuando vi algo que hizo que los pelos se me pararan. —¡Jackie! ¡Frankie! ¡Tess!, —grité a mis hijos—. ¡Miren eso! Los niños vinieron corriendo a la ventana y miraron afuera.

—¡Abejas, papá! —exclamó Tess.

—¡Las más grandes abejas que hemos visto! —gritó Jackie.

—Sí —dije yo—, y están tratando de construir una colmena en mi pila de leña.

Rápidamente corrimos afuera, exclamando, —¡fuera, abejas!

Una abeja ya había cogido mi hacha y estaba tratando de hacer un hoyo en un pedazo de leña destinado a ser un portal. No vas a creer lo que pasó después.

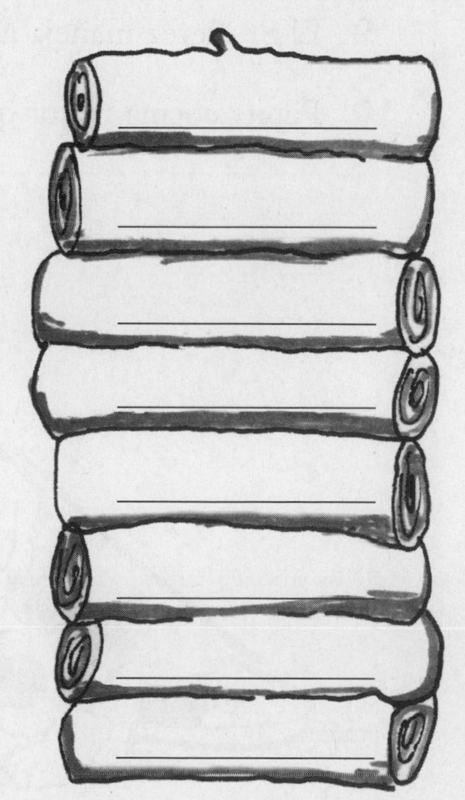

1. Ésta es una historia verdadera. ____________

2. La persona contando la historia es el papá. ____________

3. Un hacha es una herramienta para cortar leña. ____________

4. El narrador está orgulloso de su pila de leña. ____________

5. Sólo cuatro personas viven en la cabaña. ____________

6. El narrador tiene por lo menos tres niños. ____________

7. Los niños pueden cortar leña. ____________

8. Al narrador lo sorprenden las abejas. ____________

INTÉNTALO

Vuelve a leer un pasaje de una de tus historias favoritas. Haz una lista de inferencias.

Nombre ___________________________________

▶ **Lee las siguientes oraciones. Subraya el adverbio y las palabras que se usan con el adverbio para comparar dos o más acciones.**

1. Hoy María salió de la casa más tarde que ayer.
2. Patricia comió más aquí que allá.
3. Pepino se divirtió menos en la mañana que en la tarde.
4. Clotilde bailaba más rápidamente que Pepino.
5. Julián hablaba más lentamente que Roberto.
6. Ayer Patricia cantó mejor que la vez pasada.
7. Hoy Manuel se sintió peor que ayer.
8. Ahora la Sra. Córdova camina más lentamente que antes.
9. El Sr. Pérez maneja más rápidamente que el Sr. López.
10. Pepita cocina mejor que Marita.

INTÉNTALO  Con un compañero de salón escriban oraciones comparativas usando adverbios.

Nombre ______________________________

▶ **Escribe la palabra que corresponda a las siguientes claves.**

PALABRAS DE ORTOGRAFÍA

1. campo
2. naranja
3. manzana
4. adornan
5. redonda
6. monte
7. antena
8. palmera
9. contento
10. romance
11. ritmo
12. jardín
13. mendigo
14. salvajes
15. enferma
16. sonreír

1. Es una fruta cuyo jugo tiene su mismo color. ______________
2. Persona que no se siente bien de salud. ______________
3. Lo opuesto a triste. ______________
4. Árbol con hojas largas y duras que es típico de climas tropicales. ______________
5. Antónimo de persona rica, poderosa. ______________
6. Antónimo de civilizados, de personas cultas. ______________
7. Fruta de color rojo o verde con la cual se preparan ricos pasteles. ______________
8. Significa lo mismo que *decoran*. ______________
9. Tiene forma circular. ______________
10. Significa romántico, tiene que ver con amor. ______________
11. Tiene que ver con el compás, tiempo, armonía en la música. ______________
12. Lo que la gente hace cuando está contenta. ______________

Caligrafía: Cuando escribas, asegúrate de dejar suficiente espacio entre letras para que se puedan leer con facilidad. Practica con las palabras de ortografía.

ritmo

13. campo ______________________ **15.** antena ______________________

14. monte ______________________ **16.** jardín ______________________

LA ESCUELA Y LA CASA Con su niño piensen en otras palabras que tengan el patrón VCCV. Luego busquen palabras con las que rimen.

Nombre ______________________________

▶ **Escribe las palabras de la canoa que completen cada clave. Algunas palabras podrán usarse dos veces.**

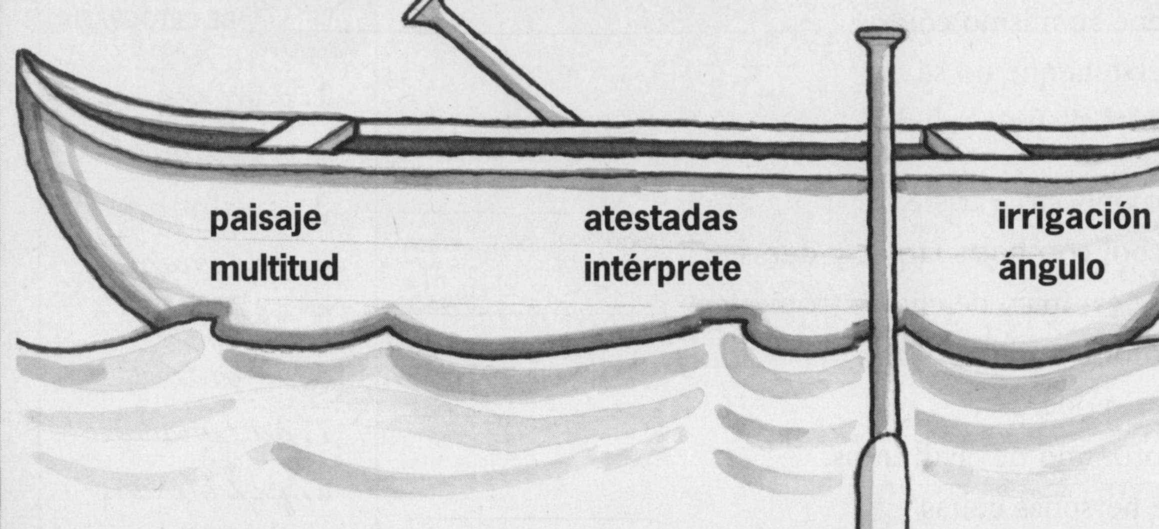

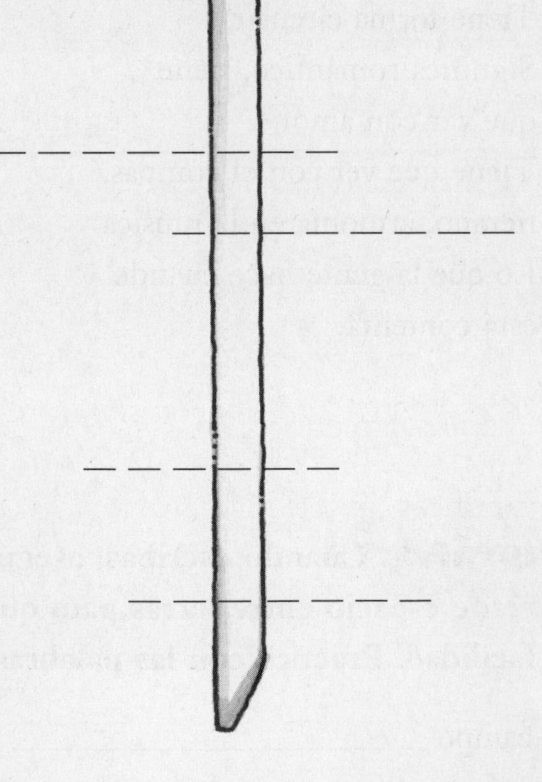

1. escenario natural _ _ _ _ _ _ _

2. traductor _ _ _ _ _ _ _ _ _ _

3. sistema de riego _ _ _ _ _ _ _ _ _ _

4. que están llenas con demasiadas personas o cosas _ _ _ _ _ _ _ _ _

5. mucha gente _ _ _ _ _ _ _ _

6. figura formada por dos líneas que se originan en un mismo punto _ _ _ _ _ _

7. pintura con árboles, lagos, _ _ _ _ _ _ _

LA ESCUELA Y LA CASA Hable con su niño acerca de los países de donde son sus familiares y ancestros. Háblele acerca de los viajes que estas personas hicieron para llegar a Estados Unidos. Use al menos tres palabras de vocabulario.

Nombre ______________________________

Dos tierras, un corazón

Vocabulario en contexto

Ciencia

Recordatorio de la destreza **Usa claves de contexto para ayudarte a encontrar el significado de las palabras que no conoces.**

▶ **Lee las oraciones. Usa claves de contexto para ayudarte a encontrar el significado de cada palabra subrayada. Luego escribe cada palabra subrayada al lado de su significado en la lista de abajo.**

La anguila no es una serpiente, pero es tan larga y esbelta que parece una serpiente. Los naturalistas estudian las anguilas para conocer mejor su ciclo de vida.

A los cocodrilos les gusta el clima cálido, por eso viven en áreas tropicales. Ellos habitan en aguas poco profundas. Los cocodrilos son animales agresivos y atacan a personas o animales grandes. ¡Nunca perturbes a un cocodrilo!

Los carabaos domesticados, que no son animales salvajes, se usan en los trabajos agrícolas. Ellos son animales musculosos y pueden jalar el arado en el lodo profundo. ¡De hecho, ellos se deleitan revolcándose en el lodo! La leche de carabao es saludable y nutritiva.

1. que atacan personas o animales ______________
2. que disfrutan mucho ______________
3. delgada ______________
4. vivir en un lugar ______________
5. describe algo que mantiene a alguien saludable ______________
6. científicos que estudian la naturaleza ______________
7. fuertes ______________
8. molestes ______________
9. mansos ______________
10. zona húmeda de la tierra, cerca del ecuador ______________

LA ESCUELA Y LA CASA Con su hijo busque un artículo en una revista. Ayude a su hijo a usar las claves de contexto para encontrar el significado de las palabras que no conoce.

Nombre ________________________________

Dos tierras, un corazón

Resumir

▶ **Completa las dos primeras columnas de la tabla S-Q-A. Luego usa la información del cuento para completar la última columna.**

S	Q	A
Lo que sé	**Lo que quiero saber**	**Lo que aprendí**

▶ **Piensa en todas las experiencias que TJ vivió en Vietnam. Lista cinco cosas que hacen la vida de Vietnam diferente a la vida en América.**

1. ________________________________

2. ________________________________

3. ________________________________

4. ________________________________

5. ________________________________

Nombre ___________________________

▶ **Estudia el mapa, la gráfica y el diagrama. Luego responde a las preguntas.**

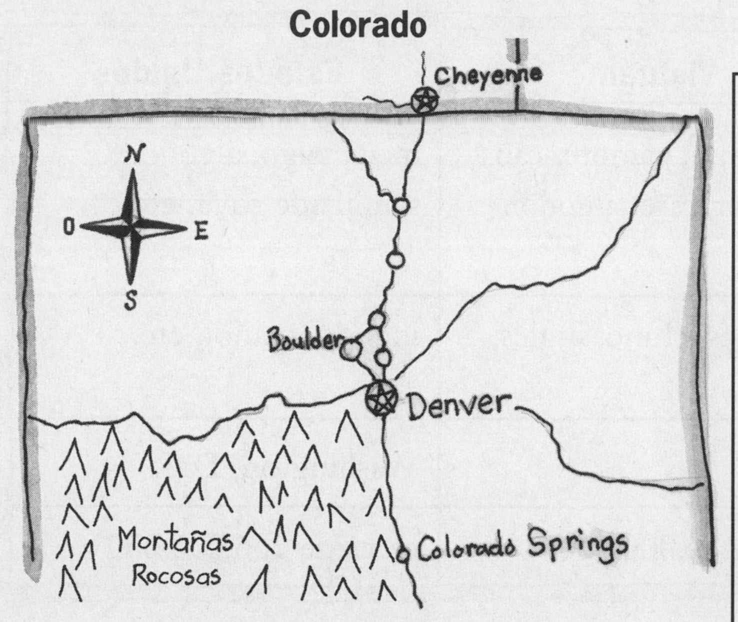

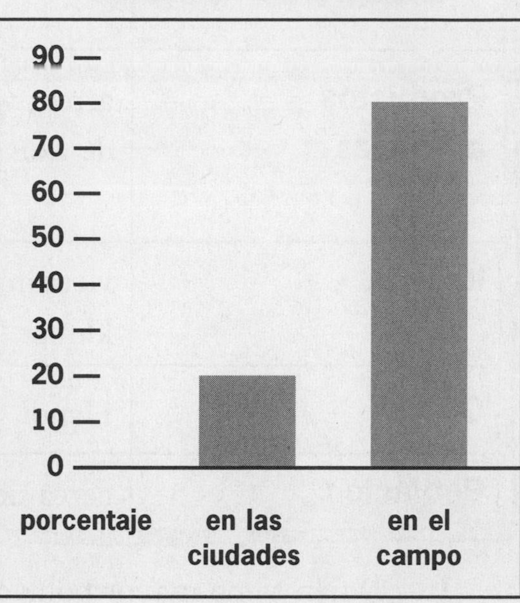

1. ¿En qué dirección viajarías para ir de Denver a Colorado Springs? ___________
2. ¿Qué región de montañas se encuentra en Colorado? ___________
3. ¿Qué porcentaje de vietnamitas vive en las ciudades? ___________
4. ¿Qué porcentaje de vietnamitas vive en el campo? ___________

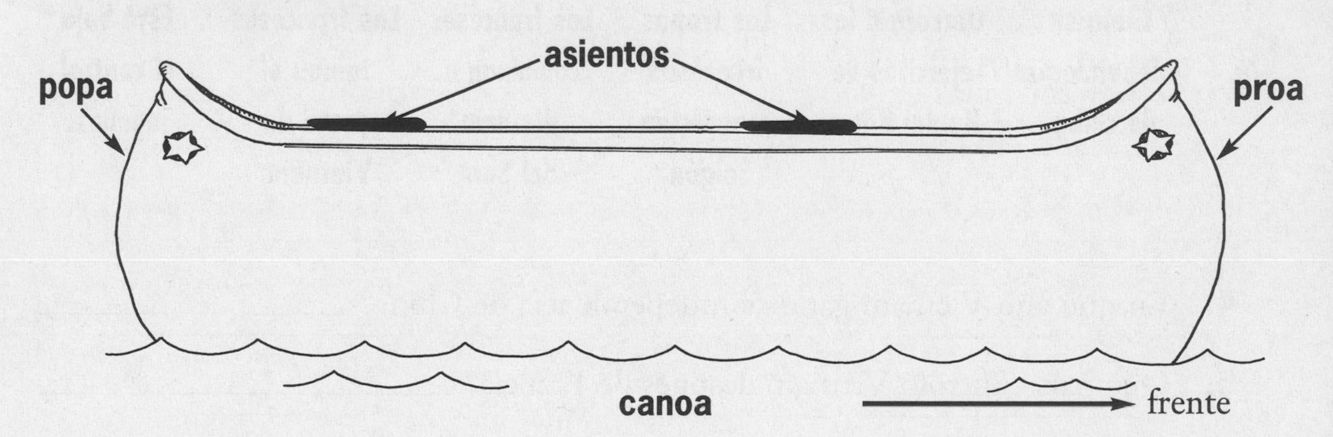

5. ¿Cómo se llama la parte del frente de la canoa? ___________

Nombre ____________________

▶ **Estudia el siguiente cuadro y la línea cronológica. Luego responde a las preguntas.**

	Vietnam	Estados Unidos
Productos agrícolas	arroz, yuca, camote, caña de azúcar, café, algodón	maíz, trigo, algodón, semilla de soya, etc
Idiomas	vietnamés, chino, inglés, khmer	inglés, español, etc.
Capital	Hanoi	Washington, D.C.
Población	cerca de 74,000,000	cerca de 266,000,000

1. ¿Quién tiene mayor población, Vietnam o Estados Unidos?

____

2. ¿Qué producto agricola se cosecha en los dos países? ____________________

3. ¿Qué idioma se habla en los dos países? ____________________

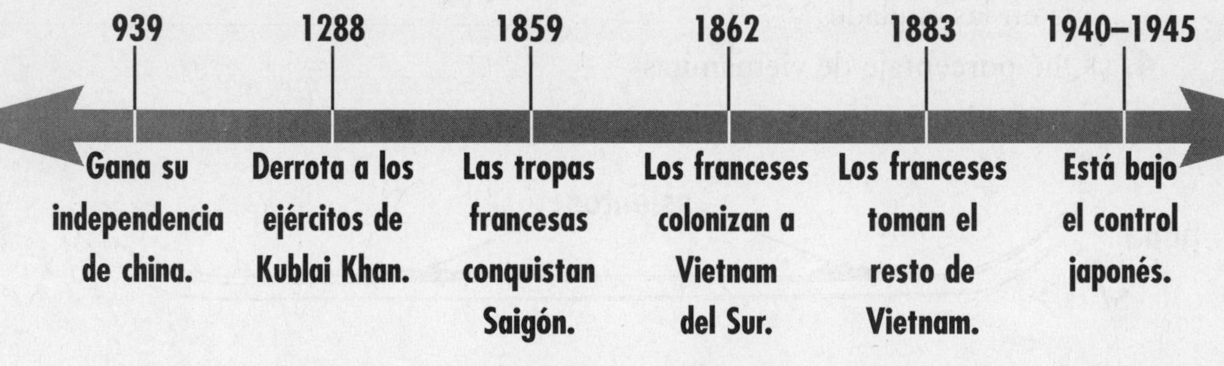

4. ¿En qué año Vietnam ganó su independencia de China? ____________________

5. ¿Qué país controló Vietnam después de Francia? ____________________

INTÉNTALO

Con un compañero de clase haz una lista de los eventos en tu escuela durante el año pasado, tales como actividades especiales y celebraciones. Hagan una línea cronológica para mostrar estos eventos importantes.

Nombre ______________________________________

▶ **Estudia el siguiente cuadro y la línea cronológica. Luego escoge la respuesta que mejor complete cada oración y marca la letra de la respuesta.**

Tipo de animal en Vietnam	Ejemplos
Mamíferos grandes	elefantes, venados, osos, tigres, leopardos
Mamíferos pequeños	monos, ardillas, nutrias
Reptiles	cocodrilos, víboras, lagartijas

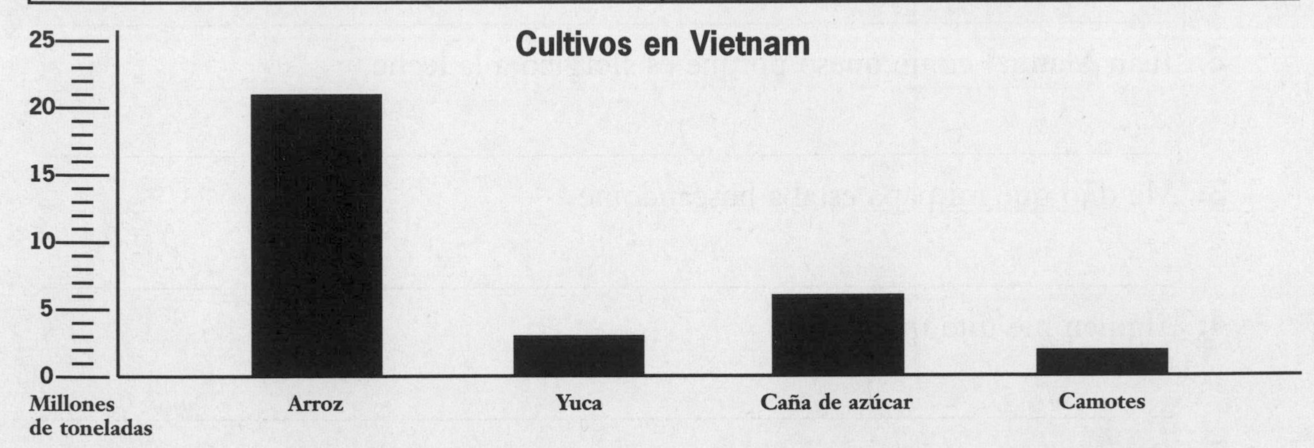

1 Un reptil que no hay en Vietman es ____.

A el cocodrilo
B el caimán
C la víbora
D la lagartija

2 El mayor cultivo de Vietnam es ____.

F el arroz
G el melón de indias
H la caña de azúcar
J el camote

3 Vietnam cultiva 6 millones de toneladas de ____.

A arroz
B melón de indias
C caña de azúcar
D camote

4 Un mapa sería mejor para mostrar ____.

F carreteras y ríos
G fechas cuando diferentes gobernantes estuvieron en el poder
H cantidades de lluvia en los diferentes años
J partes de un arado

5 La mejor fuente gráfica para mostrar el diseño de un helicóptero es un ____.

A mapa
B línea cronológica
C gráfica
D diagrama

Respuestas

1 Ⓐ Ⓑ Ⓒ Ⓓ
2 Ⓕ Ⓖ Ⓗ Ⓙ
3 Ⓐ Ⓑ Ⓒ Ⓓ
4 Ⓕ Ⓖ Ⓗ Ⓙ
5 Ⓐ Ⓑ Ⓒ Ⓓ

Nombre ____________________________________

▶ **Vuelve a escribir las oraciones usando las palabras negativas del recuadro.**

no	nunca	nada	nadie	ninguno/ninguna

1. Mis amigos y yo visitamos el museo de historia.

____

2. Juan Manuel come queso porque es alérgico a la leche.

____

3. Me dijo que mi papá estaba buscándome.

____

4. Alguien me dijo que venías.

____

5. Comió algo en el restaurant.

____

6. TJ conocía a sus abuelos de Vietnam.

____

7. Ester nació en Estados Unidos.

____

8. Todos fueron a la fiesta.

____

9. Los viajes siempre son divertidos.

____

10. Una de mis amigas me acompañó.

____

11. Alguno de mis compañeros vendrá a visitarme.

____

Nombre ______________________________

▶ **Escribe la palabra de ortografía que mejor complete cada una de las siguientes oraciones.**

PALABRAS DE ORTOGRAFÍA

1. *compartimiento*
2. *conocimiento*
3. *nacimiento*
4. *descubrimiento*
5. *aislamiento*
6. *mantenimiento*
7. *acontecimiento*
8. *movimiento*
9. *sentimiento*
10. *procedimiento*
11. *alojamiento*
12. *tratamiento*
13. *aburrimiento*
14. *casamiento*
15. *levantamiento*
16. *agradecimiento*

1. Para el día de su ______________ invitó a 100 personas.

2. Su llegada a Vietnam fue un ______________ muy especial.

3. Debes seguir el ______________ que te indicó el doctor.

4. Fue muy difícil conseguir ______________ en Nueva York.

5. Para poder vender tu casa debes darle ______________.

6. La bondad es un gran ______________.

7. El día de su aniversario coincidió con el ______________ de su hijo.

8. El ______________ de América tuvo mucha importancia.

9. Tus guantes están en el ______________ del auto.

10. A causa de su viaje mi amigo tiene mucho ______________ de la cultura vietnamita.

11. Para evitar el ______________ en un viaje largo siempre puedes leer.

12. Le escribí una carta manifestándole mi eterno ______________.

Caligrafía: Cuando escribas palabras con *t* cruza la letra *t* claramente para que no se confunda con una *l*.

aislamiento

13. aislamiento ______________

14. movimiento ______________

15. procedimiento ______________

16. levantamiento ______________

LA ESCUELA Y LA CASA Con su hijo piense en más palabras con la terminación *–miento*. Ahora traten de hacer oraciones con esas palabras.

Nombre ______________________________

▶ **Escribe la palabra de la caja que mejor se identifique por el significado.**

organismos	**ambiente**	**protección**
visible	**húmeda**	**reducida**

1. cuerpos
criaturas
____

2. empapada
mojada
____

3. clima
atmósfera
____

4. limitada
pequeña
____

5. amparo
refugio
____

6. que se puede
ver
____

▶ **Escribe las palabras del vocabulario que tengan un significado contrario a las siguientes palabras.**

7. invisible ______________________

8. secas ______________________

9. ampliado ______________________

10. desamparo ______________________

INTÉNTALO

Escribe oraciones usando las palabras del vocabulario.

Nombre ______________________________

Recordatorio de la destreza **Usa gráficas, mapas, líneas cronológicas, cuadros y diagramas como ayuda para encontrar rápidamente información.**

▶ **Seis estudiantes sembraron semillas en macetas de flores. Usa la gráfica para ver cuántas semillas de cada estudiante germinaron.**

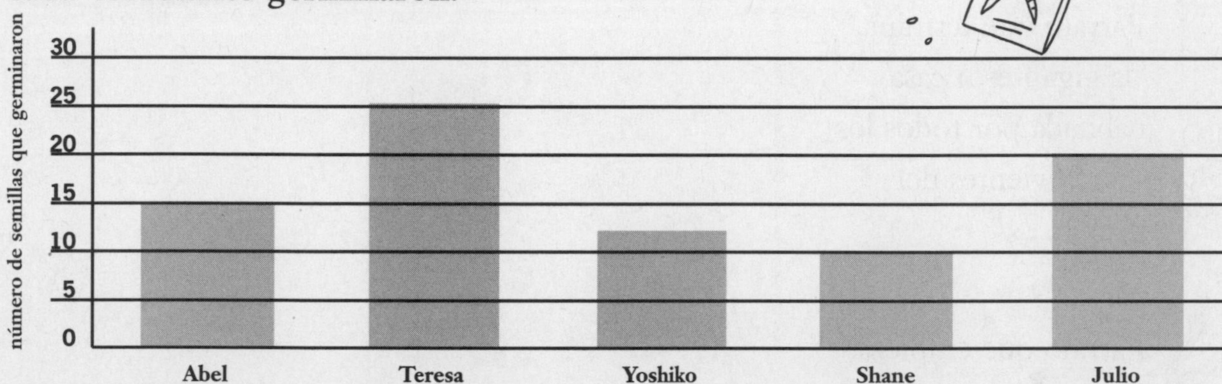

1. ¿Qué estudiante tiene cerca de 12 semillas que germinaron? ______________
2. ¿Qué estudiante tiene más semillas germinadas que Julio? ______________
3. ¿Cuántas más semillas germinadas tiene Teresa que Shane? ______________
4. Si Julio y Abel ponen sus semillas germinadas juntas, ¿cuántas tendrán? ______________
5. Si Yoshiko le da tres de sus semillas germinadas a Shane, ¿cuántas tendrá Shane? ______________
6. Si Teresa les da tres de sus semillas germinadas a cada uno de los otros estudiantes, ¿qué estudiante tendrá más? ______________
7. ¿Usarías un mapa o una línea cronológica para mostrar en qué lugares, dentro de tu estado, florecen las diferentes flores silvestres? ______________
8. ¿Usarías un cuadro o un diagrama para mostrar los nombres de las diferentes partes de un girasol? ______________

INTÉNTALO

Con un compañero de clase haz una gráfica para mostrar cuántos escritorios, mesas, pizarras, computadoras u otros artículos hay en tu salón de clase.

Nombre ____

▶ **Antes de leer, completa la segunda columna de la Tabla RPLR2. Completa la tercera columa durante y después de la lectura.**

Reconocer	Preguntar	Leer, Recitar, Repasar (respuesta)
pág. 599 Párrafo que termina, "la gigantesca casa habitada por todos los seres vivientes del planeta…." pág. 602 Párrafo que empieza, "—De cualquier modo —apuntó por último—, recuerda dos cosas fundamentales para proteger el medio natural…." pág. 603 Párrafo que termina, "Así, por ejempo, un bosque, un pantano o un islote son unos ecosistemas distintos."		

▶ **Escribe un resumen en una oración de toda la selección.**

____

____

Nombre ______________________________

▶ **Lee el informe de Marco acerca de plantas raras. Luego escribe cada palabra subrayada en el grupo en el que corresponde.**

Todos sabemos que algunos animales pueden hacer trucos, pero también hay muchas plantas que hacen cosas sorprendentes. Por un lado, no todas las plantas crecen en la tierra. El moho vive en otras plantas y también en el pan o el queso. El musgo puede vivir sobre una roca o un árbol. El liquen crece en las rocas también. La hiedra es una planta que puede trepar un árbol o una pared. La madreselva y la vid también se suben. ¿Sabías que incluso hay plantas que parecen otras cosas? Las plantas pedregosas son de color café y parecen rocas del desierto.

Las plantas mullidas de Nueva Zelanda parecen cojines de lana blanca. Las palmeras son como una cola de pavo real extendida y el árbol de lluvia se parece a una sombrilla muy grande.

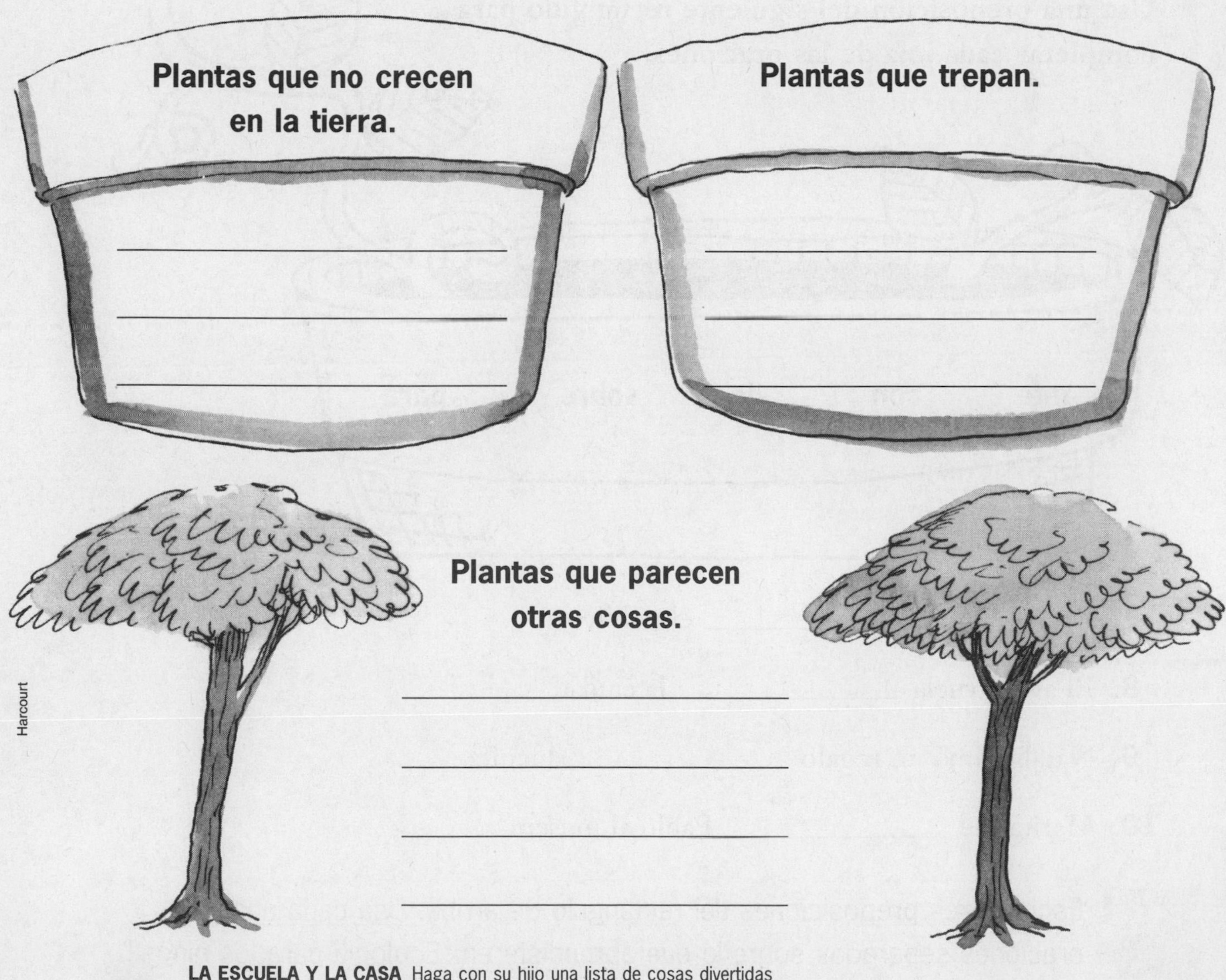

LA ESCUELA Y LA CASA Haga con su hijo una lista de cosas divertidas para hacer. Luego pídale que cambie la lista de una forma diferente, tales como "cosas para hacer afuera" y "cosas para hacer adentro" o "cosas para hacer solo" y "cosas para hacer acompañado."

Nombre ______________________________

▶ **Subraya las preposiciones que encuentres en las siguientes oraciones.**

1. La ardilla está escondida en el árbol.
2. El abrigo negro no es mío, es de Juanita.
3. Los papeles están sobre mi escritorio.
4. Creo que hay espacio entre esos dos autos.
5. Recuerda que ante todo tenemos que cuidar la Tierra.
6. El teléfono de Roberto está ocupado.

▶ **Usa una preposición del siguiente rectángulo para completar cada una de las oraciones.**

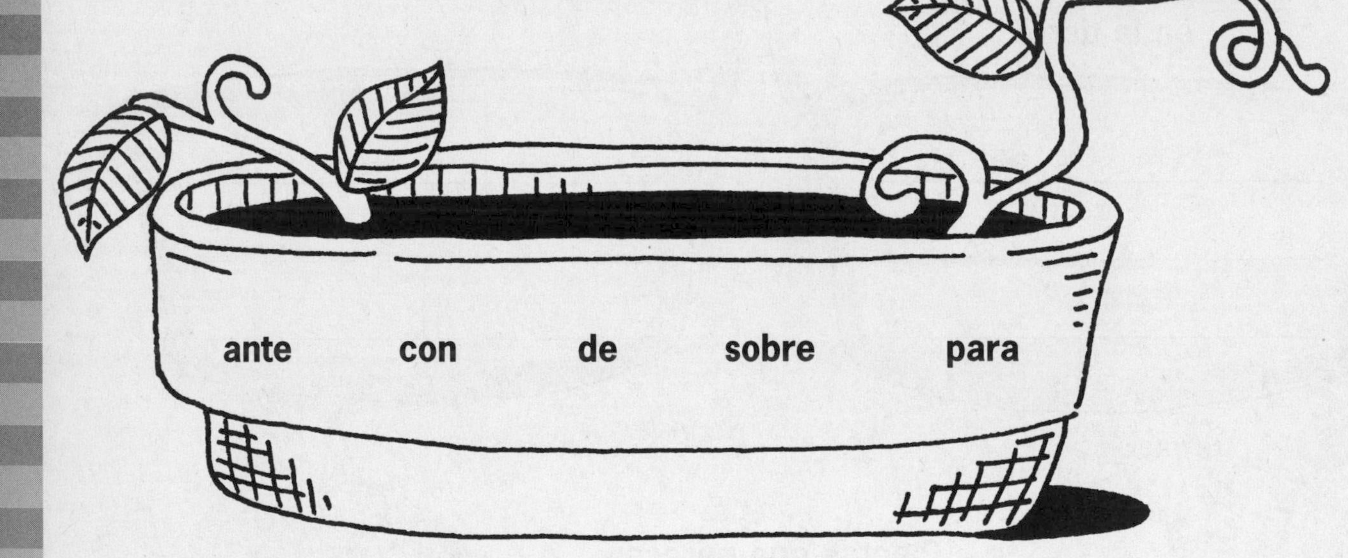

7. Pedro cantó ______________ el público.
8. El avión vuela ______________ la ciudad.
9. Natalia trajo un regalo ______________ Juanita.
10. Marita fue ______________ Pablo al museo.

Escoge tres preposiciones del rectángulo de arriba. Usa cada una en oraciones separadas sobre lo que aprendiste en "Ecología para los niños."

Nombre ______________________

▶ **Las palabras subrayadas en las siguientes oraciones están mezcladas. Escríbelas correctamente en las líneas.**

1. Debemos dcuiar de nuestro planeta. ______________

2. Tenemos que proteger el amenbite. ______________

3. Debemos rraseu las bolsas que nos dan en el mercado. ______________

4. Todas las familias deben clarreci la basura. ______________

5. Disfrutemos de la naraletuza. ______________

6. Debemos teproger las áreas verdes. ______________

7. El gaua purificada es muy saludable. ______________

8. Hay muchos resoscur que debemos conservar para las nuevas generaciones. ______________

9. La capa de onozo nos cubre. ______________

10. Debemos puicarifr el agua antes de beberla. ______________

11. La energía sarol es una buena alternativa. ______________

12. La energía lenucar puede ser peligrosa. ______________

PALABRAS DE ORTOGRAFÍA

1. cuidar
2. reciclar
3. reusar
4. nuclear
5. proteger
6. extinción
7. contaminación
8. ozono
9. purificar
10. recursos
11. naturaleza
12. ambiente
13. petróleo
14. solar
15. energía
16. agua

Caligrafía: **Asegúrate de no olvidar la tilde al escribir las siguientes palabras de ortografía.**

energía

13. energía ______________ **15.** petróleo ______________

14. extinción ______________ **16.** contaminación ______________

LA ESCUELA Y LA CASA Con su hijo escriban un informe sobre el medio ambiente usando las palabras de ortografía.

Nombre ____________________

▶ **Escoge palabras del recuadro para completar la carta.**

extensión	**descifrado**	**esplendor**
sustentaba	**monumentos**	**estilos**

Querido primo:

Ojalá pudieras ver la decoración de nuestro salón de clases. ¡Es impresionante! Lo hemos decorado en toda su **(1)** ____________ tratando de reflejar el **(2)** ____________ de las antiguas culturas de las Américas. La clase fue dividida en grupos. A mi grupo le tocó representar los **(3)** ____________ más importantes, lo cual hicimos usando materiales y diferentes **(4)** ____________ decorativos. A otro grupo le tocó representar cómo se **(5)** ____________ la población en una de estas civilizaciones. Y a otro le tocó ilustrar con jeroglíficos que aún no han sido **(6)** ____________. Nuestros padres y profesores están muy orgullosos de nosotros. Trata de visitar nuestra escuela. El periódico local va a escribir un artículo acerca de nosotros. ¡Quizás veas mi fotografía en el periódico!

Tu primo,
Aldo

▶ **Escoge las palabras del recuadro que signifiquen lo mismo que las siguientes palabras.**

7. magnificencia ____________

8. maneras ____________

9. alimentaba ____________

10. interpretado ____________

Piensa cómo te gustaría decorar tu salón de clases o tu dormitorio. Escribe oraciones describiendo tus decoraciones. Usa las palabras del vocabulario.

Nombre ______________________________

Recordatorio de la destreza **Haz inferencias añadiendo a la información del texto, tus conocimientos y experiencia.**

▶ **Lee el siguiente anuncio. Luego escribe *sí* o *no* para indicar si el lector puede hacer una inferencia correcta.**

Viajes a la selva

Nosotros organizamos los más seguros y emocionantes viajes a la selva amazónica.

- Guías expertos.
- Cada grupo viaja acompañado de paramédicos o doctores.
- Los viajes son en canoa o a pie en las profundidades de la selva amazónica.
- El precio incluye todas las excursiones y las comidas por tres semanas.
- Salidas cada seis semanas.

Traiga ropa fresca y holgada, botas para excursiones, una cantimplora para tomar agua y un saco de dormir. También necesitará repelente para insectos y malla protectora de mosquitos. ¡Llámenos hoy mismo! 302-555-1000

1. Hace calor en la selva amazónica. ______________
2. El viaje durará aproximadamente tres semanas. ______________
3. La gente nunca se enferma o hiere en el viaje. ______________
4. Los viajeros harán muchas excursiones. ______________
5. Los viajeros dormirán en hoteles todas las noches. ______________
6. Los mosquitos pueden ser un problema en la selva amazónica. ______________
7. No hay ríos en la selva amazónica. ______________
8. A todos les encanta visitar la selva amazónica. ______________
9. Los viajeros en la selva amazónica deben ser capaces de andar por su cuenta. ______________
10. Probablemente los viajeros pueden dejar sus abrigos gruesos en casa. ______________

LA ESCUELA Y LA CASA Con su niño lean anuncios de periódico. Luego hablen sobre qué inferencias pueden o no pueden hacer.

Nombre ____

▶ **Completa el siguiente mapa de la lectura.**

Culturas

Ubicación

Logros

▶ **De las culturas que has leído, ¿cuál es la que más te ha impresionado y de la cuál te gustaría saber más?**

____

____

Nombre ____

▶ **Lee las siguientes oraciones. Luego escribe tu respuesta a cada afirmación sobre la palabra subrayada.**

1. Las cabezas gigantescas de olmeca tienen su tallado sorprendente. Se han encontrado varias de ellas en la costa del Golfo de México.

   ellas se refiere a ______________________________

   ____.

2. Otra cultura muy antigua de México es la tolteca que floreció entre los años 900d.C y 1100d.C.

   que se refiere a ____.

3. Me gustaría visitar México. Es uno de los países que encuentro fascinante.

   uno se refiere ____.

4. La cultura inca fue muy avanzada. En un momento de la historia éste fue el imperio más grande en la tierra.

   éste se refiere a ____.

5. Los chasquis eran los carteros del inca y ellos llevaban corriendo las noticias del imperio.

   ellos se refiere ____.

6. Las construcciones de los incas eran monumentales. Aún hoy podemos ver sus grandes creaciones.

   sus se refiere a ____.

7. Las vasijas y los preciosos dibujos de la cultura nazca nos da una idea de su creatividad.

   su se refiere ____.

8. Paquita y yo nos iremos de viaje a América Central y del Sur para ver sus grandezas.

   sus se refiere ______________________________

   ____.

Nombre ______________________________

▶ **Escribe una palabra del recuadro que tenga una denotación similar (significado exacto) o una connotación diferente (significado sugerido) al de las palabras subrayadas.**

viejo	**vasijas**	**adorno**	**mal olor**
engordado	**jorobado**	**juvenil**	**escarbar**

1. ¡Qué antiguo me pareció ese mueble! ____________
2. Mañana Fido va a desenterrar su hueso. ____________
3. ¡Qué bella decoración pusieron en el dormitorio de los huéspedes! ____________
4. Ten cuidado con los jarrones de porcelana. ____________
5. La comida que dejaron ayer tenía un olor fuerte. ____________
6. Jaime está caminando agachado. ____________
7. María ha ganado un poco de peso. ____________
8. Marita tiene la figura de una adolescente. ____________

Nombre ____

▶ **Lee las siguientes oraciones a las cuales les falta la coma. Escríbelas de nuevo incluyendo las comas y las conjunciones *y* u *o* donde sea necesario.**

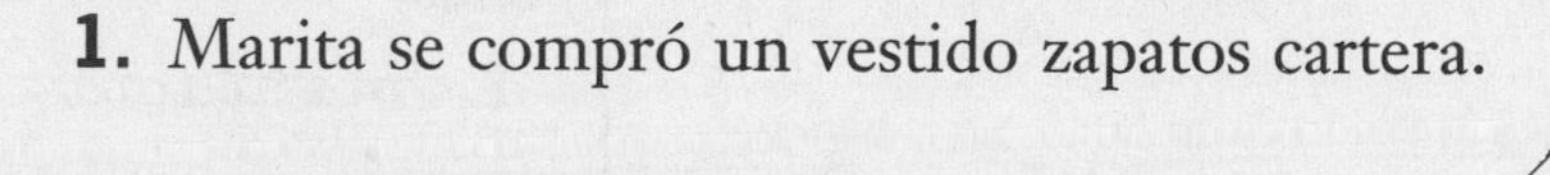

1. Marita se compró un vestido zapatos cartera.

____

____

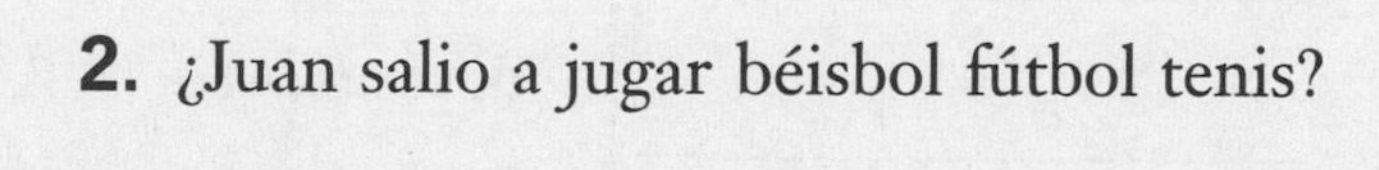

2. ¿Juan salio a jugar béisbol fútbol tenis?

____

____

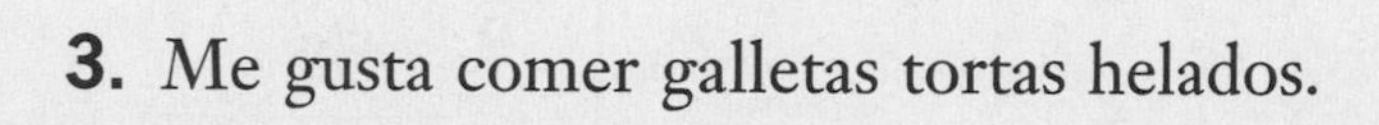

3. Me gusta comer galletas tortas helados.

____

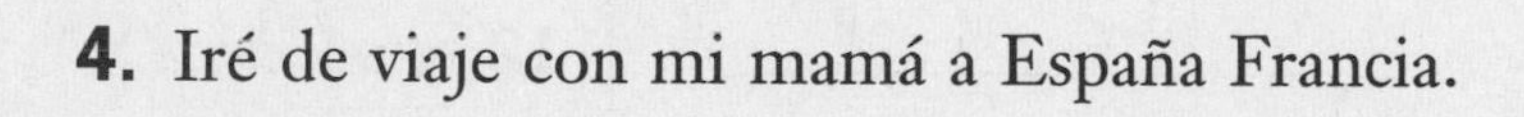

4. Iré de viaje con mi mamá a España Francia.

____

5. No sé si comprarme una pelota un bate.

____

6. Mi mamá mi papá me llevarán al circo.

____

7. Quiero comer lechuga tomate cebollas.

____

8. Iré de paseo con Yolanda Emilia Josefa.

____

INTÉNTALO Con un compañero de clase escribe varias oraciones usando comas. Luego léanlas en voz alta.

Nombre ____________________

▶ **Escoge de las palabras de ortografía la que corresponda a cada una de las siguientes claves.**

1. opuesto a norte ____________

2. opuesto a este ____________

3. tiene que ver con selva ____________

4. zona deshabitada y seca ____________

5. opuesto a sur ____________

6. opuesto a oeste ____________

7. zona ____________

8. paso estrecho entre dos montañas ____________

9. pedazo de tierra rodeada de agua ____________

10. abertura de la tierra generalmente en la cima de una montaña por la que sale lava ____________

11. zona llana y de mucha vegetación ____________

12. loma ____________

PALABRAS DE ORTOGRAFÍA

1. *montaña*
2. *llanura*
3. *río*
4. *mar*
5. *desierto*
6. *bosque*
7. *norte*
8. *sur*
9. *este*
10. *oeste*
11. *región*
12. *volcán*
13. *isla*
14. *pradera*
15. *cascada*
16. *cañón*

Caligrafía: **Practica escribiendo palabras que te sean difíciles. Escribe las siguientes palabras de ortografía.**

13. río ____________ **15.** pradera ____________

14. mar ____________ **16.** cascada ____________

LA ESCUELA Y LA CASA Con su niño lean alguna lección o artículo sobre geografía. Traten de encontrar la mayor cantidad posible de palabras de ortografía.

Índice de estrategias y destrezas

Comprensión

Decodificar/Fonética

Gramática

Conceptos literarios

Índice de estrategias y destrezas

ORTOGRAFÍA

DESTREZAS DE ESTUDIO E INVESTIGACIÓN

VOCABULARIO